名师名校名校长

凝聚名师共识
回应名师关怀
打造名师品牌
培育名师群体

爱上语文，
相信课堂的力量

吴 蔚 著

中国出版集团　现代出版社

图书在版编目（CIP）数据

爱上语文，相信课堂的力量 / 吴蔚著. —北京：
现代出版社，2022.11

ISBN 978-7-5231-0032-5

Ⅰ.①爱… Ⅱ.①吴… Ⅲ.①小学语文课—教学研究
Ⅳ.①G623.202

中国版本图书馆CIP数据核字（2022）第219452号

爱上语文，相信课堂的力量

作　　者	吴　蔚	
责任编辑	窦艳秋	
出版发行	现代出版社	
地　　址	北京市安定门外安华里504号	
邮政编码	100011	
电　　话	010-64267325　64245264	
网　　址	www.1980xd.com	
印　　制	北京政采印刷服务有限公司	
开　　本	710mm×1000mm　1/16	
印　　张	9.75	
字　　数	156千字	
版　　次	2022年11月第1版　　2022年11月第1次印刷	
书　　号	ISBN 978-7-5231-0032-5	
定　　价	58.00元	

目录

上 篇 "美好"课程，"小"课不小

中 篇 学力课堂，以生为本

下 篇　教师成长，同研共进

上　篇

"美好"课程，"小"课不小

追求"真"的教育，就会发现学生的"真学"有多么可贵。指向学生学习力培养的"学力教学"将着眼于"一核一标两建设"的教学实践。以学生立场为核心，以学力培养为目标，以指向学力培养的语文小课程群建设和指向学力培养的作业体系化建设为两翼，实现师生核心素养双提升，全面落实国家"立德树人"的根本任务。

怀揣时代使命，构建"美好"课程

对于教学，我始终心生热爱又常怀敬畏。只要走进课堂，和孩子们在一起，和语文在一起，我便充满力量。

而当走出课堂，站在课堂之外再次反观课堂、追问课堂意义时，我开始思考课堂教学与课程构建之间的关系，课程构建与人的全面发展的关系，人的发展与整个人类社会的关系，等等。我觉得自己要解决的问题太多了，要走的路突然变长了，从哪里出发呢？于是我开始向书本学，在专业书籍的阅读中沉淀思考、厘清脉络，再回到教学实践践行思考，不断反复。

渐渐地，我开始理解"随着全球化、信息化时代的到来，人才培养重心已由知识本位转向重视核心素养，从本质上说，关心核心素养就是关注'教育要培养什么样的人'的问题"的含义。

全球如此，中国亦是如此。"为谁培养人，怎样培养人，培养什么样的人"的提出振聋发聩，成为摆在每一个中国教育者面前的问题。习近平在十八届中央政治局第七次集体学习时明确提出的"人民对美好生活的向往，就是我们的奋斗目标"，于无形中启发了我。美好生活是由无数个美好时光构成的，学生来到学校如果能度过属于他们的美好时光，将为他们的一生打下多么美好的基底啊！

这是时代的召唤，更是时代赋予我们的使命！

追溯过往，1999年，我国开启了课程改革的转型发展；2000年，全国基础教育课程改革启动，创新了课程理念，发展了课程体制，再生了课程文化。"课程研究"成为教育界备受瞩目的大事，也是难事！

2020年3月，在西安高新一小总校长刘英明的积极引领和主持下，《实施"一步三化"，构建立体语文》荣获由陕西省教育厅组织评选的陕西省第十一届基础教育教学成果特等奖，这份来自政府的嘉奖意义深远，是对我们十多年语文课程探索的肯定与认可，作为主研者之一，我倍感骄傲与自豪！（"一步三化"即"作文早起步"，"阅读海量化""课堂生本化""书写规范化"）

然而此时，我已在西安高新一小东校区负责语文教学工作三年。作为副校长，构建东校区的校本课程体系，响应时代号召，落实立德树人，是我责无旁贷的使命。

反复思考，几经论证，在刘英明总校长及闫成校长的引领和支持下，在高新一小"一步三化"立体语文课程体系基础上，为响应习近平总书记提出的"人民对美好生活的向往，就是我们的奋斗目标"的伟大号召，2019年我大胆地提出了构建学校"美好时光"课程体系的想法，并对学校已有的和未来的语文课程体系进行了梳理与规划。可以说，东校区的"美好时光"语文课程体系，是对高新一小"一步三化"课程体系的再吸纳、再推广、再深化和再发展，对"一步三化"的外延和内涵进行了再拓展、再丰富，是通过对学生学科素养的培养促进其核心素养提升的有益探索。

如果说我国近20年来的新课程改革主要侧重自上而下的顶层设计与思想变动，那么新的10年课程改革将会侧重自下而上的基层学校的课堂创造。这也于无形中为我们身处的基层学校赋能，使我们有机会将地情、校情、学情集于一身进行研究，推出更加适合本校学生的、落实国家"三级"课程标准的校本课程。①

"美好时光"课程体系，其核心理念是为学生的美好生活奠基，其内部则由一纵一横双线搭建而成。

纵向看，"美好时光"课程体系涵盖了学生一天的生活，从学生清晨入校开始，迎接他们的就有晶莹剔透映着晨光的"小露珠"课，接下来的课贯穿学生在校生活的一整天，直至晚上回家临睡前的"小耳朵"时间，我们希望陪伴孩子的是一切美好的事物。

横向看，"美好时光"课程体系涉及孩子成长的多个环境，包括校园环境、家庭环境以及社会环境。

"美好时光"课程群的构建，围绕着语文听、说、读、写四大基础核心能力进行编排，所有课程均以"小"字开头，浸润着东校区全体语文教师的心血

---

① 刘希娅. 刘希娅与小梅花课程［M］. 北京：北京师范大学出版社，2021.

和智慧，其内容包括如下。

用心诵读积累培养学生珍惜晨时的"小露珠"课，帮助学生实现"日有诵"。

紧扣部编教材培养学生自信表达的"小百家"课，帮助学生实现"善表达"。

结合听力训练提升学生读写能力的"小耳朵"课，帮助学生实现"会倾听"。

注重阅读积淀涵养学生精神成长的"小书虫"课，帮助学生实现"爱看书"。

指导有序写作提升学生创作水平的"小作家"课，帮助学生实现"乐写作"。

关注汉字书写倡导学生文化传承的"小金笔"课，帮助学生实现"能书写"。

培养复习能力引导学生自主学习的"小状元"课，帮助学生实现"会学习"。

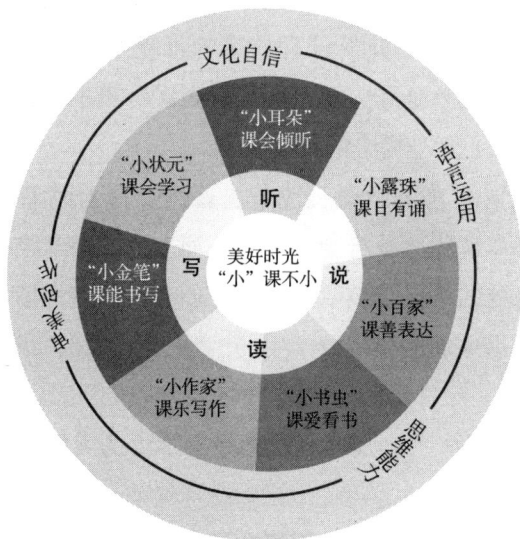

"美好时光"课程体系

2021年9月，我对此框架进行了进一步明晰与完善，并撰写了《以语文课程群建设促学生核心素养提升的实践研究》的课题研究申报书，通过了陕西省教育厅基础教育资源研发中心第四届省基础教育创新型资源建设课题的立项审核，并被确定为重点课题。该课程群均以"小"字命名，然而"小"课不小。取意"小"字，是从学生的年龄特点出发，所有课以语文学科听、说、读、写四大基本能力为出发点，对国家统编教材进行有益补充和拓展，突出培养学生的语文学科素养，包括人文素养、教育素养、科学素养、创新素养、信息素养、美学素养及实践素养，为提高学生的核心素养奠定坚实的基础，全面提升学生语文学科素养。

从2019年"美好时光"语文课程体系的提出，到2021年主持"以语文课程群建设促学生核心素养提升的实践研究"的省级重点课题研究，两年多的时间，在校领导的关怀和支持下，我和课题组老师乃至全校语文老师脚步坚定，不断前行。

课程研究是个浩大的工程，吾辈只有不断探索，以日进一寸的积极进取之心，方可迎来课程竣工的一天！

聚焦核心素养，建构课堂教学

如果说工业时代需要培养以体力为中介的生产劳动者，那么信息时代则需要培养以脑力为中介的知识劳动者。从知识本位走向以智慧为特质的素养本位，揭示了伴随着信息时代的到来，中国基础教育已迈入核心素养的新时代，也预示着传统教育范式在信息时代的需求面前，正在发生着一场崭新的变革。[①]

2001年，为贯彻落实中共中央、国务院《关于深化教育改革全面推进素质教育的决定》和国务院《关于基础教育改革与发展的决定》，教育部颁布了《基础教育课程改革纲要（试行）》（以下简称《纲要》），大力推进基础教育，调整和改革基础教育的课程体系、课程结构、课程内容，构建符合素质教育要求的新的基础教育课程体系。[②]《纲要》的试行，重点在于改变课程过于注重知识传授的倾向，强调学生形成积极主动的学习态度，形成结合实际提出问题、分析和解决问题的能力，并在学习知识与技能过程中形成正确的世界观、人生观、价值观等。

作为一名被派往新建校负责学校语文教学的管理干部，面对新建校全新的

---

① 唐彩斌，王云英.素养本位的时代课堂［M］.北京：现代出版社，2021.

② 刘希娅.刘希娅与小梅花课程［M］.北京：北京师范大学出版社，2021.

起点，面对西安高新一小语文"一步三化"研究成果在我们新建校的全面推广及深化，面对新教师亟待成长的一个个问题，我强烈意识到自己肩负着自我突破与引领发展的重大使命。

我们逐步构建起东校区"美好时光"课程体系，认真贯彻党的教育方针，落实立德树人根本任务，准确理解《纲要》《国家中长期教育改革和发展规划纲要（2010—2020年）》和《关于全面深化课程改革 落实立德树人根本任务的意见》等文件精神，坚持"为学生美好未来奠基"的课程观，通过国家课程的校本化实施来保障国家课程更扎实优质地落地。

为追求体现师生在课程建设和开发中的主体地位，激发师生在课程建设和实施中的主动性与创造性，我们历经了以下几个探索阶段。

1. 对标国家课程标准研讨"小"课目标

集体研究国家课程标准校本化落地，可以帮助教师熟悉、论证、掌握国家课程标准内容，并根据心理学家维果斯基关于人的"最近发展区"理论，在全国统一的课程标准基础上，再回到自己具体的课堂教学中，从而整体实现课程标准的落地。

为保证每一节课的课程目标的设定清晰，课题组老师将国家语文课程标准进行落地，结合"美好时光"语文"小"课程群中的不同"小"课，按不同的年级进行目标划分。我们围绕语文学科核心素养和关键能力，在认真研读课程标准基础上，以年段为单位、以概述性语言为主的课程标准分解，细化每学年课程标准、每学期课程标准、每课时课程标准，把总体的课标要求和每一节课的教学要求对接起来，确保各"小"课教学目标的达成。

2. 对标教学方法改进备课方式

中小学课堂教学最重要的是对学生思维品质的培养。"听说读写"对于学生能力培养固然重要，但最重要的应该是"思"的培养，如果不重视"思"，那么"听说读写"也必然处于一个较低的水平。评价一个人的阅读能力和表达智慧，实际上是在评价他的思维能力。因此，我们提出将培养有思考力的学生作为课堂教学的首要任务。要培养有思考力的学生，教师首先要成为一个有思考力的人。教师要具备思考力，从哪里入手呢？教案撰写。教案撰写是我们教书育人中必不可少的一环，是我们将国家统一的课程标准和内容与不同学生进行衔接时的必然思考，是我们的思想、能力发挥作用的关键环节。教案撰写最能看出教师的备课能力。通过教案撰写，教师是教参的搬运工还是积极的思考者，一目了然。

历经摸索，我校的语文教案由最初的"五步法"发展为"课时分步法"。

第一课时教案：课前主题表达—核心问题引路—自读共学体悟—当堂成效检测。

第二课时教案：课前精测回顾—核心问题探究—读思议写结合—篇本融通拓展—当堂检测成效。

其一，我校语文教案改革，更加关注问题的提出，即提什么样的问题更有价值，提什么样的问题更能激发学生学习的自主性，提什么样的问题更能启思导疑，培养学生的思考力；其二，更加关注学生的当堂训练，从基本的字词句检测到应用型的句段描写都当堂进行，"课堂的事情就交给课堂解决"，这是对"双减"落实的最有力保证，也是对教师备课水平、课堂把控能力的更高要求；其三，还课堂于学生，学生是课堂的真正主人，保障"学生权益"，尊重"学生主体"，这些话说说容易，实操起来需要教师不断突破长久以来的"传道、授业、解惑"的思想禁锢，学生"主动地学"大于一切按部就班的"教"。

3. 对标课堂教学优化课堂结构

在酝酿和论证东校区语文"美好时光"课程体系的过程中，课题组老师通过"4010"上课方式互鉴共研学校的"小"语文课堂（"40"指40分钟完整课时，"10"指10分钟微课），通过彼此不同的执教方式切磋出更为适切的、尊重学生成长的教学方式。教师站在学生立场，充分体现以生为本；充分用好课堂教学时间，培养学生学习能力，掌握学习方法，学会理性思考，融入情感体验，让学习过程变成一场生命与生命的对话。

为更好地落实"生本"教学，根据东校区教学时间安排，我带领老师进行了课堂结构性变革，希望通过课堂结构的设置，引导教师让位于学生，还课堂给学生，让学生成为课堂的主人。

以下是我们"美好时光"语文课程体系的课堂结构说明。

"小露珠"课课堂结构由三部分构成：小老师领学+小嗓门日诵+小笔头唰唰。通过结构化早读的试行，短短20分钟的早读课被安排得满满当当，又井井有条，"读什么""怎么读"在这20分钟的结构划分里得到了有效保障。

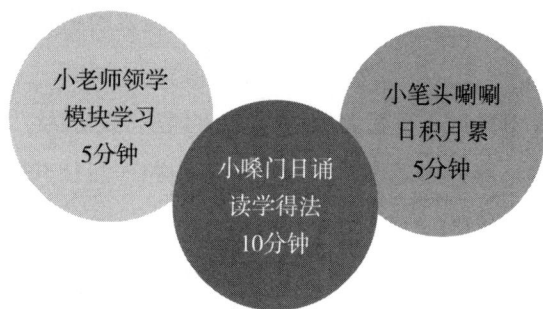

"小露珠"课课堂结构

"小百家"课课堂结构由两课时构成，每课时又各有不同结构，不同的结构指向不同的学习方式和教学任务。"小百家"课更关注学生的思维与表达，同时为保证教学实效，两课时都安排有当堂检测部分，而当堂检测的内容也是由东校区语文老师集体自编完成的校本练习册，取名为《课时"小导航"》，目前已完成全学段12册初稿。

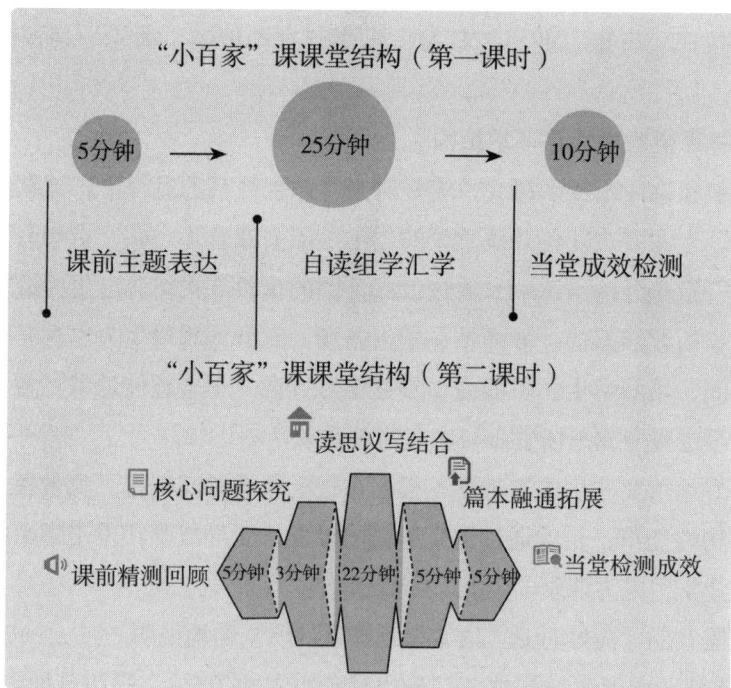

"小百家"课课堂结构

"小作家"课课时时长为60分钟，这是从学生的习作需求出发安排的，也是我们课程设置的一部分。从结构图中可以看出，东校区作文课将教学、交流、习作、点评、修改集于一课，留足时间，保障创作，以评促改，提升了学生习作水平。

知内容，明要求	议内容，明要点	输内容，出作品	评内容，改作品
📁 3分钟	📊 7分钟	🖱 35分钟	🔊 15分钟

"小作家"课课堂结构

"小金笔"课课时时长为20分钟，也是基于学生习字所需而设，从析字形，到悟法，再到摹写，直至评改一课时完成，重在一课一得，贵在每日坚持。通过每日的习字指导，学生书写规范美观。

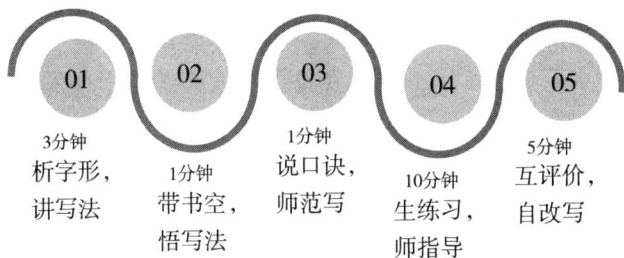

01	02	03	04	05
3分钟 析字形，讲写法	1分钟 带书空，悟写法	1分钟 说口诀，师范写	10分钟 生练习，师指导	5分钟 互评价，自改写

"小金笔"课课堂结构

"小耳朵"课依据年级不同，课时长短亦不相同，而且这个课只在一、二年级开设，目的是训练学生专注倾听的能力与习惯，与阅读、习作、思维一脉相承，互为补充。

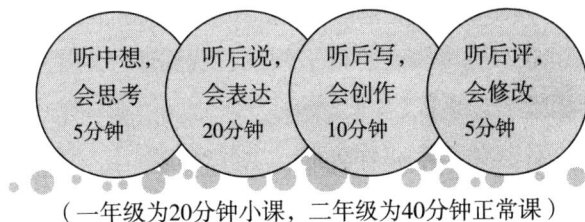

听中想，会思考 5分钟	听后说，会表达 20分钟	听后写，会创作 10分钟	听后评，会修改 5分钟

（一年级为20分钟小课，二年级为40分钟正常课）

"小耳朵"课课堂结构

"小书虫"课和"小状元"课因内容不同，各有若干课型。

课堂教学结构化改进，从客观上约束了教师教学行为的随意性，提升了教师使用时间的合理性，从而优化教学设计，确立学生主体地位，尊重学习规律，凸显基础性、全体性、全面性、差异性、发展性，向高质量教学迈进。

坚持学生立场，打造学力课堂

21世纪是课堂革命的世纪。国民核心素养的养成是决定一个民族、一个国家软实力的主要因素之一，而决定这种核心素养形成的根本要素，就在于从课堂出发的学习革命。课堂是落实课程改革理念的主要载体，研究课程，必然离不开在课堂层面的实际操作。依据《纲要》使学生"形成积极主动的学习态度"，必然是要通过课堂上教师教学方式的改变才能实现的。

在倡导重建课堂教学大背景下，关注学生在课堂教学中的状态、生活意义以及生命价值的实现，使课堂教学焕发应有的生机与活力，成为课堂变革的聚焦点。

西安高新一小于2012年开始的"课堂生本化"研究，就是对这一理念的实践性探索。"课堂生本化"遵循少年儿童身心发展规律，把学生当作学习的主人，为学生好学、会学而设计教学过程。它是一种理念，也是一种教育教学方式，它强调学生作为学习主体的重要性与参与性，在课堂上给予学生充分的思考时间与空间，变学生被动学习为主动学习，尤其关注面向全体学生，注重学生的全面发展。

多年来，我始终秉持"生本"理念，在课堂教学中坚持学生立场，随着实践的不断深入，在"生本"理念的引领下，我逐渐开始了指向学习力培养的"学力"课堂的探索。

我时常在想，什么能力能陪伴人的一生并影响一生？答案是学习力。人，终其一生都在学，难道不是吗？从学习方式来看，学分为有意识地学和潜意识地学；从学习对象来看，学习书本里的知识，学习生活里的学问，甚至和他人的一次谈话、一次出行、一次交往、一次共事都是在学习；从学习时长来看，儿时的一节课、一个学段，成年后的持续学习，其时长是一生的。学习是我们一生都要经历的事，它不受时空所限，不拘一人一书，它的外延无限大，而它的内核是学习力。也就是说，我们想要获得无限大的课程外延，想要一直向着"美好"而行，就需要从小培养学习力，在日复一日的学习生活中锻炼学习力、提升学习力，我们才可能成为那个最美好的自己。这也就是我特别执着于在自己的课堂上培养学生的学习力，打造学力课堂的初衷。

2019年6月，《中共中央 国务院关于深化教育教学改革全面提高义务教育质量的意见》中指出："坚持以习近平新时代中国特色社会主义思想为指导，全面贯彻党的教育方针，落实立德树人根本任务，遵循教育规律，强化教师队伍基础作用，围绕凝聚人心、完善人格、开发人力、培育人才、造福人民的工作目标，发展素质教育，培养德智体美劳全面发展的社会主义建设者和接班人。"深化基础教育人才培养模式，必将掀起一场"课堂革命"，而这场革命的目的就是努力培养学生的创新精神和实践能力。然而，如果我们的课堂还是基于行为主义的"教师讲、学生学"的教师"一言堂"式的课堂，那么如何培养学生的创新精神和实践能力？所以从"灌输中心"的教的课堂向建构主义的"对话中心"的学的课堂转变，势在必行，而这种转变归根结底取决于教师的转变，即由"教书匠"向"反思型教学实践家"转变，即教师的成长=经验+反思。

"课堂不变，教师不会变；教师不变，学校不会变"——这是学校教育改革的定律。我们要培养具有学习力的学生，并由此开始培养学生走向自主学习、终身学习的道路，那么我们的教师就必须具有这样的学习力，以自身的学习力换取成长力，以自身的成长力带动学校整体发展的成长力。

因此，我们通过课堂教学对学生进行学习力培养，其教学的出发点和着力点均在学生能力发展上，靶向清晰、落点扎实，其延续性目标为学生的终身学习能力；学力课堂以学定教，尊重学情，关注差异，一切的教学设计都是为了让学生能够学好、会学、学有所用。学力课堂就好像一朵花，是由内而外的生发，花心部分是学生，当他具有了学习内驱力，就会点燃学习热情，冲破层层束裹，让自己绽放于课堂，而不是由别人硬生生掰开花瓣。如果真是那样，想那花瓣能有怎样的生机，掰开之时亦是凋零之期，毫无生命力可言。

由此反观我们的探索，"美好时光"课程构建紧依语文学科要素，以听、说、读、写四大语文基本能力为构建点组建"小"课程体系，一个"小"字透露出我们坚持学生立场的学生观；一群"小"字组合成我们基于学科素养培养学生终身学习力，从而提升核心素养的教学观；结构性课堂是我们课堂教学落实生本，坚持学生立场，追求高质量发展的外显要求；其内核则是"学力"二字，以学力培养提升学生的内生成长力、持续竞争力，为"美好人生"奠基。

"小"课不小，大有文章！拥有学力，把握未来！如果每个孩子从小就拥有强大的学习力，那么我们这个民族的未来可想而知将会多么强大！从课堂出发吧，让每个老师成为"反思型教学实践家"，让每个学生拥有无限可能的成长力，让每个家庭实现对美好未来的追求，让我们的祖国因此更加繁荣美好，这就是课堂的力量！

以作业体系化建设，向高质量办学迈进

一、作业问题缘何备受关注

2020年10月，党的十九届五中全会通过的《中共中央关于制定国民经济和社会发展第十四个五年规划和二〇三五年远景目标的建议》里提到"建设高质量教育体系"。2021年7月，中共中央办公厅、国务院办公厅印发《关于进一步减轻义务教育阶段学生作业负担和校外培训负担的意见》，以前所未有的力度打出了一组治理重拳，直指作业及校外培训，引发了全社会的广泛关注。其中关于作业的治理问题，又岂止是对作业时间与数量的规定，其更深远的意义是对学生健康及长远发展的重视和落实，关系着学校功能的回归与升华，更关系着基础教育高质量办学的积极成效。学校是教育体系的微观基础，而作业设计作为教学的重要环节之一，是教师完成教学目标的重要手段，是学生学习知识和锻炼能力的重要来源，但是学生作业现状不容乐观。各地学校普遍存在重知识轻能力、重考试轻实践、重成绩轻素养等现象，教师作业布置仍以机械、重复、单一的形式为主，作业量大，抑制了学生的学习热情，制约了学生的个性化发展，也影响了学生的身心健康。

同时，随着手机的广泛应用，手机作业成为很多家庭的作业负担。教师从布置作业，到督促作业，再到检查作业、反馈作业，整个过程都特别依赖手机；学生几乎每天晚上也需要通过手机了解作业内容，然后按各学科要求上传作业。家长因此成为"手机奴"，随时守候着班级QQ群里的新动态，生怕因错过某条信息而影响孩子作业，其中的心理负担不言而喻。这也是《关于进一步减轻义务教育阶段学生作业负担和校外培训负担的意见》引起社会关注的一个原因。

二、作业体系化建设——作业问题的破解之径

（一）作业管理体系化

1. 日常进群制

校领导进入所负责年级组的班级群，随时了解班级情况，第一时间发现问题，及时帮助教师处理问题，同时从旁加大对教师的指导力度，加大学校作业管理力度，加大对教师的培养帮扶力度。

2. 节假一单制

每到节假日，各学科老师都会布置一定的作业，单科看似不多，但每个学科累加起来数量就多了。为此学校应加大顶层管理力度，通过"节假一单制"，要求所有学科教师集体研讨假期作业，将所有学科的作业呈现在一张作业单上交给学校审核，学校根据"规范作业布置、把控作业数量、加强学科融合、促进整合优化"的节假日作业原则进行审核并提出修改意见，确保学生假期既轻松又有收获。

3. 电话回访制

为加大作业管理力度，切实做到减负不减质，学校安排专人通过电话对家长进行不定期随机回访，并保证对电话内容保密，目的只是了解学校作业布置是否科学合理、学生负担是否真的减轻、作业是否真的促进学生学习等问题。"电话回访制"在加大学校作业管理力度的同时，拉近了家校距离，赢得了家长赞誉，获得了良好的社会口碑。

4. 阶段问卷制

学期中，学校会分阶段对学生进行作业问卷调查，问卷调查不记名，只记班，目的是准确把握教师作业布置情况，提升教师作业设计水平，加强作业研讨，提升学生学习力。

5. 随机访谈制

利用学生在校时间，学校会对学生进行不定期的"一对一、面对面"访谈，通过访谈了解学生作业心理，获得学生作业评价，调整作业布置内容，同时在访谈中把握学生在校园里的生命状态，是否具有学习生气，让作业为学生的生命活力增添动力。

（二）作业内容体系化

1. 作业内容体系化的提出

作业在习惯上被定义为：为实现某个目标，达到规定任务而进行的活动。本书将作业定义为：在新课改背景下，教师依据学生实际情况和具体课程内容，所安排的一切有关学习知识、培养能力、要求学生完成的活动的总和。所以作业不仅包括书面练习，也包括与学习紧密相连的实践活动。2020年，由我主持的"十三五"规划课题"小学中年级课外作业体系化实践研究"，在全体课题组成员的努力实践下，逐步摸索出一条破解作业高耗低效的实施路径，即以课内外作业体系化构建，实现学生轻负高效学习目的。经过两年多的实践研究，我们取得了良好的研究成果。如今，这一研究成果已在全校一至六年级全面推广，并且实现了课内外一体化教学模式。

体系化是由若干有关事物或某些意识互相联系而构成的一个整体。这里的体系化，通过日、周、小长假、寒暑假以及全学期将学生的学习时间有机联系起来，形成一个长短结合、张弛有度的闭循环。

我们从课堂教学实际出发，遵从学生认知心理，依照学生学习规律，创造性地开发出"日作业结构化—周作业整理化—小长假主题化—寒暑假项目化—课内作业课时化"的作业体系，将学生从机械重复的作业中解放出来，引导他们自发地、主动地去获取知识、形成能力，全面提升学生的核心素养。

2. 作业内容体系化建设的实施

（1）课内作业课时化

学校根据每课时教学内容及目标，组织教师通过集体教研科学合理地设计出需要学生当堂完成的练习内容，我们将其命名为《课时"小导航"》。《课时"小导航"》重在一课一练，随堂完成；依课时难度不同，又分为第一课时"基础导航"，第二课时"拓展导航"；同时每课时附有"导航纠错"。《课时"小导航"》充分体现了校本研修优势，鼓励教师积极教研，原创设计练习题，以教师的精讲善问为学生的随堂动笔练习赢得时间，帮助教师通过学生随堂练习及时发现教学问题，及时解决问题，向40分钟要质量，提升教学实效。

（2）课外作业系列化

① 日作业结构化

每天的家庭作业分为"双输"作业及自主作业。

在语言学中，人与外界的交际过程包括两个部分：输入与输出。衡量语言教学效果的标准之一，就是学习者是否掌握了这一交际工具并进行正确的输入和有效的输出。作为课堂教学的延伸及检验反馈部分，每日作业的设计应紧密贴合教学目标和教学内涵，同时兼顾多样性和自主性：输入侧重于通过"听"和"读"两种行为完成，输出则通过"说""背"和"写"完成。作业结构由"双输"作业+"自主五类"构成，以表格形式分类呈现。

"双输"作业在一、二年级按照国家相关规定，不布置手写作业，而是以课外阅读、背诵积累为主。教师们通过精心设计的阅读任务，引导学生利用回家后的时间开展自主阅读，可以是"跟着生活学识字""跟着绘本读故事"等，鼓励学生自主安排时间。三到五年级的常规作业以20分钟的当日反馈为主，包括习题定错、自主预习等，家长通过时间提示，帮助学生逐渐养成在规定时间内完成作业的习惯。

而自主作业则通过"自主五类"将学生引向自我观照、自我完善的成长之路。"自主五类"主要包括劳动服务类、才艺培养类、体能训练类、手工制作类及查漏补缺类。"自主五类"以作业形式进行推荐，有利于形成家校合力，帮助学生养成家庭劳动习惯，更重要的是在"自主五类"的持续实践中，学生提高的不仅仅是各项技能，随之提升的更有责任心和自主能力，这种走向内心的成长力是"自主五类"作业体现出的强大作用力。

② 周作业整理化

整理是一种能力。房子乱了，需要整理；思绪乱了，也需要整理。我们多数的教育，一直忙着向前赶路，看谁走得快，而在赶路的途中，大家有时也顾不上是谁在赶路。学习是学生自己的事，但更多时候，大家把这副担子交给了老师，交给了补习班，交给了家长，就是忽视了交给学生，忘记了他们才是学习的主人。

因此，我们通过"一周一整理"的"周作业整理化"，首先引导教师端正认识，继而指导学生学会科学的知识整理方法。我们要求教师将传统的周测试卷改为学生自我整理，原本习惯了每周出试卷检测教学情况的老师，起初是不太能接受这样的改变的，不放心学生能力、不相信学生态度，认为这是在浪费时间，这种想法其实也正暴露了教师不够健全的学生观和成长观，如何以"生本"的理念来进行周作业的布置，一度成为我们研究的焦点。一方面加强对教师观念的引导；另一方面加强教师对学习方法的学习，然后进行专题课堂教学示范，指导教师上知识整理课，最后在全校推开"整理课"，号召教师利用课堂时间指导学生学习知识的整理。一年来，孩子们在老师的悉心指导下，即便是二、三年级的低学段学生，也学会了自建错题本、自画知识树、自绘思维导图、自出复习题的"四自"学习方式。通过"周作业整理化"，老师和学生在自主成长的道路上又向前迈进了一大步。

③ 小长假主题化

每一个小长假的到来，都伴随着快乐与轻松，当然这是在作业少的前提下。那么，如何实现"快乐小长假"的美好愿望呢？我们通过学科融合的"小长假主题化"作业来实现。每个小长假来临前，学校都会组织教师提前研究小长假期间的学科融合作业，通过同一主题进行学科拉通，同时将这种作业进行年段固化，即六个年级六个阶梯，实现了纵向"年段拉通"，横向"学科融合"的作业效果。

以端午节小长假主题作业为例，在"粽叶飘香迎端午　中华文化我传承"的大主题下，一至六年级分别结合各年段学生特点进行了不同的主题作业设置。

一年级：学习剥粽叶——劳动教育与生活能力培养。

二年级：学习买粽子、称粽子——数学学科与生活能力融合。

三年级：了解端午节习俗，绘制端午节画——语文学科与美术学科融合。

四年级：学习香包制作，学认香包香料——手工劳动与中医知识融合。

五年级：讲解端午诗歌，创编端午舞蹈等——语文学科与音乐学科融合。

六年级：主题辩论保护中国非遗——语文学科与时事政治融合。

同一主题将语文、数学、劳动、信息、绘画、音乐、劳动、生活等内容进行了拉通应用，在不增加学生小长假生活负担的同时，增长了学生对中国传统节日的了解，在实践性作业的完成过程中，提升了学生能力，将学生的成长视野拉向更为广阔的空间。

④寒暑假项目化

在每个寒暑假来临之际，学校都会组织教师进行"你好假期"的系列研讨活动。通过研讨，教师首先了解什么是"项目化"作业，其内容、内涵、研究途径、实践目的分别有哪些；其次通过互听作业课，学习借鉴项目化作业课的执教方法，打开思路，指导学生；最后学生在放假前形成项目式研究的内容，组建研究团队，列出研究计划，安排研究分工，并填表上交学校，等待开学后进行项目式作业的交流展示。"寒暑假作业项目化"，使学生在项目化作业的引导下，尝试了自我策划、自我执行、自我总结、自我展示等一系列活动体验，实现了以项目促发展、以项目阔视野、以项目学研究的发展目的。

我们的作业体系化改革虽刚刚两年的时间，但在一些方面已呈现出良好的成效：其一，改变了作业内容重复机械、作业形式单一被动的局面，从而激发了学生的作业兴趣，焕发出作业的活力；其二，促使教师更新教育观念，改变教学行为方式，发挥创新能力；其三，改变家长在课外作业中的作用，变"监督者""命令者"为"合作者""指导者"；其四，落实核心素养，让学生适应未来学习的状态，即交互式学习、云端学习、内驱式学习，最终帮学生走向自主学习的道路，成为一个有正确价值取向、有独立思考能力、有意志执行能力、有终身学习能力的人。

中 篇

学力课堂，以生为本

> 以师者之学习力，带动学生之学习力；在指向学力培养的课堂上实现师生共长，让语文课堂焕发生机，充满力量。

"小露珠"课

——惜晨时，启时光

人家不必论贫富，唯有读书声最佳。

....

早读课"三不闲"

早读也是课。是的，"双减"之前它分明被安排进学生的课表，如一颗晶莹的露珠折射出一天最美的晨曦，虽然"双减"之后没有了它的固有身影，但我还是想说说我对早读的眷恋。校园的时光，应该从最美晨读开始，那萦绕于回廊上空的琅琅书声是每个人都挥之不去的最美记忆。

无论有没有这个"课"，我依然坚持让学生一天的校园生活从诵读中开始。几十年的教学实践告诉我，如果我们能从学生早晨一进入教室就营造出读书的氛围，那么这个班的孩子一定会慢慢喜欢上读书，他们身上一定会慢慢浸润上书的芳香，他们外显的神情里一定会蕴藉着自然流淌的书卷气。由于学生来得有早有晚，这段时间又过于短促，很多老师就把学生早晨到校的时间归类到碎片化时间段里，用这最宝贵的时间收作业、查作业，甚至是教训学生，这是何等可惜呀！

我给自己定了个早读"三不闲"原则，对培养学生读书习惯、形成阅读积累以及学习合理利用时间都颇为有益，后来也将它推荐给了学校老师。

早读"三不闲"，即板不闲、口不闲、手不闲。

板不闲，就是不要让黑板闲着不用。这么多年，我一直习惯于将黑板板块化利用起来。黑板的最左侧从上到下画出40厘米左右的空间，用来进行"本周要做到"之类的班级习惯养成的提示和评比；同样，最右侧从上到下画出40厘米左右的空间，用来进行"语文与生活"的记录，有时是词语积累，有时是我的日记；剩下的黑板空间为我和其他教师每天教学所用。

每天放学前，我都会在黑板最下方提前写上一些简单的练习题，如诗句填空、形近字或同音字组词、看拼音写词语等，这是给第二天来得早的孩子或是我有意识要帮助的孩子预留的。第二天他们来到教室，我就邀请他们上台板演，然后奖励他们一个大大的红五星。孩子们很喜欢上台板演，拿着粉笔在黑板上写字的感觉很好，尤其是遇到一个并不以做题来为难他们的老师，还能时常给予他们鼓励与指导的老师，孩子们一个个都乐此不疲、争抢机会。

仅仅这样还不够，我会在黑板中间提前写上当日早读的内容，帮孩子们安排进教室后的时间。看着黑板上写出的早读安排，孩子们会自觉地拿出书诵读。黑板的再空处，我还会写上当日早读要积累的词句。这就是"板不闲"。真是小小一方地，日日有所进。

而我在此时绝不会做一个旁观者，任由孩子读好读坏，置若罔闻，不加指导；更不会做一个"添乱者"，在这个时候忙着收作业、打扫卫生、干杂事，打扰孩子，把班里的秩序搅得一团糟。这个时间是专属于读书的，我会带着孩子们一起或高声朗读，或接力背诵，或互相领读，或沉醉吟诵。这就是"口不闲"，是我和孩子共同的"口不闲"。在这个时间里，我们属于一个个能迸发出生命张力的文字，我们用彼此的声音汇成一支清晨最美的交响乐。无论学生来得或早或晚，看到此情此景，都会轻声快步走到自己的座位上，轻轻拿出书本，和着我们的节奏，跟着我们的情绪一起诵读起来。没有人会在意这样的"迟到"，老师更不会冷漠地把孩子置于室外。朗诵，让我们在时空中交融；朗诵，化解了孩子来晚了的尴尬；朗诵，更吸引着孩子们快快来到教室和大家在一起。

第三个就是"手不闲"。雁过留声，踏雪留痕。早读虽短，但也要留下痕迹——笔记。无关多少，习惯而已。信手的勾画，随手的标注，刻意的摘录，有心的积累，文字不多，耗时不长，但每日都有那么一行两行流于笔端，天长日久，即是己有。

这样的早读，没有因孩子的迟到而扬起的厉声呵斥，没有因教师的不参与、不指导、不热情或准备不充分而产生的群生低靡。相反，黑板上的文字是老师为这一天的精彩开始而精心准备的礼物，师生一起诵读是除去校园再无处可寻的天籁，你说，它难道没有力量吗？它太有力量了，充满了信任的力量，共情的力量，文学的力量，成长的力量！

早读课也要有规划

教学计划，在我们日常教学中屡见不鲜，不以为奇，但关于早读这一特定时段进行的规划就不多见了。从教几十年来，我一直特别在意对早读的利用，尤其是后面这届学生，随着自己教学经验的累积、教学理解的加深、学生立场的鲜明，我对早读又有了新的做法——做好规划，以生为本，培养学力。

所谓规划，不是针对一个学期所做的计划，而是贯穿小学六年的一个长线的计划。下面是我对自己最后这届学生做的早读规划。

年段	早读次数	早读内容	早读方式	实施目的
一年级	一周三次	1. 巩固前日所学 2. 每次归类积累词语8个左右 3.《日有所诵》儿歌指导读背	教师以指导为主，进行范读，鼓励学生范读，学生常态领读	积累词语，训练语感，有感情背诵，加强学法运用
二年级	一周三次	1. 巩固前日所学及课堂笔记 2. 每次短语积累6个左右，好句积累两句左右 3.《日有所诵》儿歌、诗歌指导读背	教师以指导为主，学生参与展示，学生学当老师	积累词语，训练语感，有感情背诵，加强学法运用

续 表

年段	早读次数	早读内容	早读方式	实施目的
三年级	一周三次	1. 巩固前日所学及课堂笔记 2. 每次成语积累8个左右，好句积累两句左右 3.《日有所诵》《同步阅读》	学生展示，轮流当老师，教师做好辅助工作	重语感，重积累，重表达
四年级	一周两次	1. 巩固当周所学及课堂笔记 2. 每次成语积累8个左右，好句积累两句左右 3. 古诗词及现代诗	一次完全交给学生，由学生按诗人作品分类进行古诗词学习与积累；一次由教师进行，主要对现代诗进行指导和积累	重语感，重积累，重表达，重交流
五年级	一周两次	1. 巩固当周所学及课堂笔记 2. 归类积累诗句两句，并理解 3. 文学常识积累	一次完全交给学生，由学生按项目进行文学常识的学习与积累；一次由教师进行，主要对名家名段进行指导和积累	重语感，重积累，重表达，重交流
六年级	一周两次	1. 巩固当周所学及课堂笔记 2. 归类积累诗句两句，并理解 3. 文学常识积累	一次完全交给学生，由学生按项目进行文学常识的学习与积累；一次由教师进行，主要对名家名段进行指导和积累	重语感，重积累，重表达，重交流

从早读"专时专用"说起……

做到早读"专时专用"，看似简单的一句话，要落实在每一天的教学中，受教师的教学准备、个人性格以及学校检查力度的不同等因素的影响，其体现的状态也有好有劣，产生的教学效果自然也就有高有低。

我们都知道好习惯影响一生，但好习惯的养成却散落于日常点滴生活中。对于学生良好学习习惯的养成，与他朝夕相处的老师的习惯培养意识、习惯培养能力就显得至关重要了。为什么同一所学校，每一个班表现出的学风不尽相同，甚至差异明显呢？这里就不得不说说几个"专"对学生良好学习习惯养成的影响了。这也是对早读"专时专用"的一个延展性思考。

一、专时专用

学生在校的时间看似洋洋洒洒一天，却被很多节课划分成一块一块的，这里我重点想说说语文老师对时间的利用问题。不少老师每天都忙忙碌碌，但效率不高，究其原因，最突出的问题就是不能做到"专时专用"。

比如，明明是早读课，有些老师却忙着收作业，弄得班里从座位到走廊，甚至讲台前都是人，乱乱糟糟忙一通，把短促而宝贵的早读时间耗费殆尽；再如，明明是语文课，有的老师却用来教育学生，而且一开口就停不下来，没完没了，眼看着时间一点点流逝，教师也不管不顾，口若悬河、滔滔不绝。等到开始讲课了，时间已不够用，于是就拖堂、占课等；又如，明明是班会课时间，有的老师却用来让学生写作业，该进行的班级周评不做，该由学生自我组织的活动不开展，唯一的理由就是把作业写完……诸如此类，都是不合理利用时间的教学陋习。一个在时间面前如此散漫的老师，想想看，他能带出多有时间观念的学生？

专时专用体现的是教师强大的自律意识和自我管理能力，尊重时间、规划时间、合理安排时间、充分利用时间，工作效率、学习效率不就是在这样的时间利用里产生的吗？所以，当我们看到一位能日复一日做到"专时专用"的老师，他和他的学生一定都是强大的！他们班的学习效率一定也是很高的。

二、专本专用

"专本专用"就涉及学生的学习用本问题了。不同的本子发挥着不同的功能，最后又一起辅助小主人的学习。

以语文学习来说，课堂听写本是专门用来进行课前听写的，是对前一天教学内容的简单小测。作文本是周期性的，如果是完成语文书上的作文，一般两周使用一次，所以我们习惯性地把这类作文本称为大作文本。有大就有小，语文学习离不开读写结合，有时是小的语段练习，有时是随课文进行的仿写训练，有时是学完课文后的人物感想，等等。不仅要写，而且老师要收上来批阅，这个本子的使用率很高，基本上天天都在用，所以我们把这样的习作本称为练笔本。生字本是专门用来练习写好生字的。这里还要提一下积累本，这个本子不是所有老师都要求学生使用的，有些老师比较注重日常积累，每天都会利用在校的碎片化时间让学生记一些知识，于是就安排学生准备一个积累本。到期末复习时，还会有专门的复习专用本。

上面这些本子，往往作为课堂作业进入学校检查体系的只有课堂听写本、大作文和生字本，其他的练笔本、积累本、复习本等都属于教师的个人教学安排，学校不做硬性检查，但会有作业本交流活动。这些作业也都是在学校完成的，属于课堂作业，不会增加学生的家庭学习负担。

猛一听，感觉本子好多啊，可如果不这样分，很多学习内容就会"萝卜白菜一锅烩"，到用时就会"只见翻本子，不见所要用"。所以专本专用，帮助学生进行知识归类，养成良好的学习习惯。

三、专区专用

专区专用，这个"区"指的是语文书上写笔记的区域。所谓"不动笔墨不读书"，除了圈点勾画这些标注式阅读痕迹，在全班交流学习时，也会有一些文字性的补充内容，这时我会要求全班将补充内容写在该课本的空白处，并且标注上笔记序号。

专区专用的好处有以下两点。

（1）特别方便教师利用课间时间进行笔记批阅，及时对学生进行指导、评价和反馈。我不爱拖堂，课间就休息10分钟，应该留给学生好好活动。如果当天的语文课有书上的笔记，我喜欢利用课间这段时间进行批阅。我让所有学生将语文书翻到当日所学，然后全部离开教室到外面活动，我一个人留在教室，拿着红笔按座位顺序一个个批阅。对的奖励一个笑脸，错的折出书角，待学生订正后我再批阅，一样会给学生一个笑脸。及时批阅，让学生养成专心上课、积极参与、认真书写的习惯，而专区笔记也省却我翻书寻找、浪费时间，大大提高了我的工作效率，也提升了学生的上课效率。

在这里，我还想多说一点。不少老师也有让学生写课堂笔记的习惯，有的是只写不阅，有的是随处乱写，这都是不好的，时间久了，反而会让学生滋生出一些坏毛病。所以只要学生动笔，我们就要批改；只要让学生写，我们就要提出写的要求，不能随心所欲、一写了之。

（2）有助于学生日后的复习。读笔记，是我们早读的必读内容，大家的笔记在统一区域，序号相同，很好齐读。即便是开放性题目，答案不一样，各读各的，再同桌换读，也很方便。假如有谁请假缺课，来校上课后只要翻看同桌的书，书上的笔记一目了然，方便补写。

除此之外，我们还应该做到"专夹专用"。我们应该给家长们建议，让孩子在家庭生活中也一样遵守这几个"专"，这样家校一致，一定能为孩子良好学习习惯的养成打下基础，成为孩子受用终身的财富。

别样早读别样情

"咦，他们班早读咋没一个人？"

"快看，他们班又在看电视了！"

"老师，别的班同学可羡慕咱班了！"

嘿嘿，这就是我们班六年级时的早读。大家都说，六年级了，升学压力大，得让孩子们多做练习题，多加巩固，争取考个好成绩。我也特别希望自己带的学生能考个好成绩，但我不希望学生的六年级是在紧张、压抑、不断倒计时带来的灰色心情中度过的，我希望他们的六年级是在充满阳光、舒缓平和的，又不断进步的金色时光中度过的。

按照我对学生六年早读规划，进入六年级，我们开始畅享早晨到校后的"最美晨读"时光。每周两次的语文早读，其中一次我们一定是在学校阅览室度过的。起初，阅览室的屈老师每次都来得很早给我们班开门，后来看到我们的阅读习惯很好，学生们来得又早，她就干脆在头一天下午把阅览室的钥匙交给我们班"最美阅读"的负责人，由他来给大家开门。

书籍的力量是强大的，它深深吸引着每一个学生。由于有这样的特殊清晨，我们班学生总是到校很早，来了就直奔学校阅览室，把书包靠在阅览室的外墙边一溜摆整齐，只拿一个笔袋和一个笔记本进入阅览室。座位是提前排好的，来了的同学找到座位坐下，每组的阅览桌上摆好了一大摞由阅读组长根据大家的阅读需求提前向阅览室老师借好的书籍。明亮的灯光、安静的环境、专注的身影，影响着每一个进入阅览室的同学。我也和孩子们一样，选一个座位坐下，看自己的书，记自己的笔记；学生们亦是如此。这样的时光大概能从早上7：00持续到7：55，然后阅读班长提示大家阅读时间结束，孩子们将书本归还于自己的阅读桌，由阅读组长统一整理归还，留待下次继续阅读。孩子们用"享受"来形容我们的早读，学校图书馆的屈老师也时常被我们的身影所打动，毕业多年后，孩子们依然时常回味起我们不一样的"最美晨读"。

我们把另一次语文早读称为"最美晨画"，其实就是看视频。视频的时长一般都控制在3分钟以内，偶尔也有突破，内容从最初的"公益广告"，到后来的《航拍中国》，再到《舌尖上的中国》《开讲啦》《朗读者》等，在一个个节选视频的反复播放中，我会和孩子一起聊拍摄内容、制作手法、价值取向等问题，然后孩子们将所思所感形成文字记于笔端。

记得有一次我们班一个孩子生病，孩子妈妈将她送到教室正赶上我们上"最美晨画"。妈妈很好奇，就问我："吴老师，我能留下来看看咱们的早读吗？"我说："可以呀！"那天我们看的是一则公益广告，大体意思是儿子在外打拼，父母在家相依为伴。广告中有一个画面拍的是老人手里拎着一个塑料袋走在路上，阳光透过摇晃的塑料袋闪着忽强忽弱的光，看到后来我们才知道原来老人是去医院看望生病的孩子母亲，但在电话里他却告诉孩子，他们一切安好，孩子母亲去跳广场舞了，所以没接到电话。就是这样一个广告，我和孩子们聊内容、聊最触动他们的画面，聊自己的感受，聊到最后不少孩子潸然泪下，坐在后排的旁听妈妈也被感动得流下热泪。

还有一次，我们看的是习近平总书记邀请外国政要观看"一带一路"表演中的一个节目，是关于敦煌壁画的舞蹈。看完后，我们一起聊会议、聊舞蹈、聊敦煌、聊"一带一路"，还聊到了"反弹琵琶"这个舞蹈动作。没想到在那年的一次考试中就出现了一道关于"一带一路"的政治题，还出现了一道与"反弹琵琶"有关的音乐题，孩子们见到题眼睛都亮了，考完后高兴而自豪地说："没想到咱班看视频都能把考试题给押上了！"

我们别样的早读为孩子们带来的不仅是知识的扩充，更是对生活的多样了解与感悟，以这些与时俱进的、生动的内容为"课程"，将学生引向广阔生活，让学生将所看、所闻、所见与所思结合起来，形成鲜活的、深刻的思考，将思考与民生、与家国相结合，在不知不觉中萌生出作为中国人的那份使命感与责任感。正如著名特级教师孙双金在《阅读教学的根本是什么》一文中说的："做人，孝悌为本；阅读，厚积为本；阅读教学，思维为本。"

我们的别样早读为学生开启了"大阅读"之门，在"厚积"中薄发，在"深思"后表达，在"表达"中立志，是谓本立则"道生"焉！

三年级，让我们做好词语教学

开学第三天的早读，一切如往常一样按部就班地进行着，我照例行走在每个楼层的教室外，遇到上语文早读的班级便会稍做停留，看看孩子们是如何读书的。

路过一个班，孩子们正参照着头天晚上准备好的阅读要求，一步一步在书上勾勾画画，学习借助批注进行阅读。我从孩子们身边一一走过，悉心巡视着每个孩子的批注情况：他们能否根据要求将词语找全面？转了一圈，发现有十几个孩子基本上能将四字词语、名词性短语、有新鲜感的动词找出来。积少成多，聚沙成塔，希望通过这样的练习，孩子们能对字词的理解更加准确。

看到这里，我饶有兴致地对同步阅读中的《山村小学》这篇文章进行了语用指导，更令人惊讶的是，孩子们仿佛是受到了启发，一下子打开了语言世界的大门。

首先，我在黑板上写了"绿海碧波"和"青瓦白墙"两个词。

"请你们比较这两个词，有什么发现呢？"我问孩子们。

话音刚落，班里的"小机灵"诺诺同学就举起了小手。虽然这个孩子全身上下透着一股聪明劲儿，可就是毛毛躁躁，回答问题慌慌张张，每次都要求他学会先思考再举手，可效果总是不明显。

"这两个词里面都有表示颜色的字。"诺诺大声地回答。

"很好，善于从词语中寻找相同点——它们都有表示颜色的字。大家一起读出来。"我一边肯定着他的发现，一边引导全班同学跟着他的发现读词语，也在读声中调动着孩子们的学习劲头。

"绿、碧、青、白。"孩子们齐声读。

"这是第一个发现，你们还有其他发现吗？"我继续启发着孩子们。

"'绿海'和'碧波'感觉很像，'绿海'就是绿色的海，'碧波'就是绿色的波涛，感觉意思一样。"

"你的发现真了不起！它们的确意思一样，而且你说的感觉它们很像，这种写法是对仗。你们看，'绿海'是不是和'碧波'两个字一一对应呢？你们看旁边的'青瓦白墙'是不是也是这样构成的？对，这样的构词方式可以很好地增强词语变现力，让事物的特点更加突出。是不是这样呢？你们再读读这两个词。"顺着学生的发现，我讲授提炼词语的构词方式，让学生掌握一定的规律，这对他们的学力提升有着非常重要的作用。我们绝不能简单化对待词语教学，要从词语教学中发现规律，体会用处，帮助学生学好词语，继而才能用好词语，提升文章的表达力。这一点在三年级语文教学中尤为重要，但往往很多年轻教师容易忽视这一点，将时间和精力都用在了全文理解上。这样跨度太大，学生对基本的词语学习都还没感知好、掌握好，就去做全文理解，学生作文的空洞感、抓力不足也就由此产生了。

"的确是这样，'绿海碧波'让我仿佛看见了碧绿碧绿的海水在眼前荡漾；'青瓦白墙'就是农村那种小房子，白墙感觉特别干净。"

"体会得真到位！像这样的词你们能说出几个吗？"在学生有了感悟的基础上，我让他们继续拓展几个这样的词语加以体会，既加强了理解，又增加了积累。

"'红墙碧瓦'，我见故宫的建筑就是这样的。"

"不错啊！不过你们发现没，普通的村舍就是'青瓦白墙'，而'红墙碧瓦'就是皇家建筑了。两个词竟关联出了中国建筑的问题，你说这些词语有没有意思？"

"左顾右盼。"

"前仰后合。"

……

"同学们说得都很好，以后再遇到像这样的词，前后两部分对仗重复，你就知道它是在强调一个意思，突出事物的一个特点了。"

除了四字词语，这篇文章中的动词使用也非常有特点。

在分享有新鲜感的动词这一环节，一个学生提出："'绽开'这个词用得好，如果这句话中用了开放，这个花开得就没有那么鲜艳了。"

我抓住这一契机，立刻在黑板上写下"绽开、开放、怒放"三个词进行比较，孩子们静静地观察思考，然后突然像发现了什么似的打开了话匣子，想法犹如小火星般相互碰撞。

一个学生说："感觉用'绽开'花会开得更大。"

"'更大'是对花开程度的比较。"我肯定他道。

又一个学生说："'绽开'有点儿像是慢慢地开，而开放是一下子就开了。"虽然这句话说得不够准确，但我通过"有过程"三个字，让这孩子恍然大悟。紧接着，他的回答让人眼前一亮："'怒放'显得更有力量。"

"多么精妙的回答啊，你紧紧地抓住了'怒'这个字眼，将百花争奇斗艳的姿态展现出来。就好像人发怒时会'怒发冲冠'一样，怒气是有力量的，所以'怒'这个字就表示了一种力量。"

最后，我让学生为这三个词排序。通过他们积极的样子，我看出他们是完全沉浸在学习的愉悦中了。

如果说三个词的比较已经让孩子们的思绪激起浪花，那么最后一首歌曲《怒放的生命》更是一种思想的升华。即使听过这首歌的孩子为数不多，但琪亚老师的一句哼唱让这个早读多了一分欢笑。一切的一切，如行云流水般一气呵成。

有时一个问题抛出去，得不到自己想要的答案，我们便抱怨孩子启而不发。那么，到底是孩子"发"难，还是老师的"启"不足呢？孩子们的课堂发言即是最好的答案，随时提醒我们不可小觑他们的学习能力，而每个年级所承担的教学任务是我们必须扎扎实实要落实到位的。

读出精彩，背出情感

"花儿开在村前的小池塘边，开在青石板铺的小路边，开在……"琅琅书声入耳，开启了朝气蓬勃的一天。

同往常一样，我行走在充满晨读之声的校园里。走着走着，我不由得在（2）班窗外停下脚步。孩子们正在朗读的《火把花》这篇文章中，第2自然段是由一组排比句构成的先分后总式的段落。

我跟教师示意后，微笑着走上讲台问道："你们刚才读到了几个'开在'？"并让同学们接龙回答"都开在哪里"。这几个"开在"是多么清晰的结构提示词啊，我们应在学生诵读时自然地提出问题，引导学生发现、掌握规律，提升读书质量。

"想象在一座山村旁有一方小池塘，池塘边开满了红红的火把花。周围是一条条青石板铺成的小路，路两旁依然满开着艳红的火把花。"我温情地渲染着，仿佛置身池塘边、小路旁，一株株艳红的火把花围绕在我们身旁。回头看看孩子们，一个个眼含笑意，陶醉其中。

"哪位同学试着说一说：花儿开在……"两次重复后，孩子们竟然在不知不觉间顺利地把前两个排比句背下来了。

这段中有一个句子特别长，"开在潮湿的长满墨绿色青苔的卵石垒砌的墙角里"。虽然之前教师有范读，也让学生标了停顿，标记好后又反复练习，但朗读出来依然磕磕绊绊，不尽如人意。

我并没急着让孩子们练习朗读，而是先提出"垒砌"这个词语，让学生理解它的意思，如果对词语不理解，是会影响阅读质量的。"来，我们一起做个垒砌的动作！"我说着便把自己的书本平放在手上，托到一个学生面前，领悟含义的学生马上把自己的书本放在我的书本上面，紧接着第二本、第三本、第四本……孩子们兴致盎然。"当书本足够多时，我们就垒砌成了一面书墙，这就是——垒砌。用砖、土块等垒起来的墙。四人小组一起做一做'垒砌'的动作，看看哪个小组垒的墙最高。"孩子们兴奋极了，班里氛围顿时活跃了起来。

后来在和语文老师的交流中，老师说她没有发现"垒砌"这个词的难度，觉得读读就过去了，但我发现了，而且是通过这样有趣的方式带着孩子们一步步理解、感知。通过教学方式的微对比，老师一下子明白了平时我们讲的"心中要有学生，让学生在学习中感悟语文的魅力，从而爱上语文，爱上生活"的深刻含义了。

随后我请一名同学朗读一个长句子，其余孩子数一数这句话中有几个短语。如此一来，大家对这个看似很长的句子有了整体印象和结构认识，再进行两到三次的反复练习，孩子们背诵的积极性和自豪感被激发了出来，活跃极了！

讲到最后的"小结句"，我带领孩子们将段落主题自然融入朗读，一次又一次感受朗诵的酣畅淋漓。

最后，我带领孩子们进行了两点总结：一是背诵可以帮助我们积累词句，丰富语言；二是积累"总分"段落的写作结构。

短短10分钟，既有恰到好处的点拨讲解，又有形象有趣的体验感知，更有自然而然的熟读成诵。将"读"进行到底，又不仅仅是"读"，"读中想""读中思""读中玩""读中背"，一气呵成，酣畅淋漓，一节融情启思的早读课，孩子们怎能不喜欢呢？

【文段摘录】

花儿开在村前的小池塘边，开在青石板铺成的小路边，开在水流湍急有碓房的磨坊前，开在潮湿的长满墨绿色青苔的卵石垒砌的墙角里，开在我们山村小学的校门口，开在操场上跳远沙坑旁。艳红的火把花啊，你开得多么热烈啊！

——摘自《火把花》

思维碰撞，背诵有法

——早读教学实录

师：（和颜悦色地走进教室）同学们早上好！

生：老师早上好！

师：同学们是不是在背《雷锋叔叔，你在哪里》呢？

生：是！

师：你们是怎么背诵的，谁来说说你使用的背诵方法？（眼光搜寻，等待学生作答）

生（明煜举手）：我在背诵的时候是一句一句地背，背完第一句，再背第二句，然后两句合在一起背诵；接着背第三句，然后把一、二、三句合在一起背诵。

师：如果我们给这种方法起个名字，你们认为什么名字比较合适呀？

（生思考中）

师：（以手势作为提示）来，我们大家一起拿出小手，左手是一句，右手又是一句，这样一句一句叠加在一起，不一会儿就能背出好几句。想想看，给这种方法起个什么名字呢？

生：（试探性地）句子叠加法。

师：（露出欣喜的神色）你真厉害！一下子就从我们的动作中悟出了背诵的一个方法，还给它起了个很形象的名字——句子叠加法，真好！

生（睿婕举手）：老师，我在背诵的时候是一句一句地背，连句成段，最后把每一段连接起来背。

师：睿婕同学又给咱们提供了一种背诵段落的方法，她的这种方法和明煜同学的方法其实很相近。那我们综合他们的方法起一个什么名字呢？

生：（激动地）句段叠加法！

师：嗯！同学们总结得很到位。来，你们去黑板上把这个背诵方法的名字写出来，再写上你俩的名字，这就是你俩发现的方法了。其他同学也在这一课的左上角写下背诵的几种方法，然后另起一行写上我们刚刚提炼出的第一种背诵方法"句段叠加法"，同时附上发现者的名字，这都是来自同学们的学习实践和思考，是很珍贵的智慧财富哦！

（睿婕和明煜兴奋地先后在黑板上写下自己的名字，其余人做笔记）

师：还有谁有其他的方法吗？

生（舒阳举手）：老师，我在背诵的时候是观察段落之间不一样的地方，如前两段都是"小溪"，中间两段都是"小路"，最后一段是"乘着温暖的春风"，在"小溪"的部分雷锋叔叔抱着的是"迷路的孩子"，在"小路"部分他背着的是"年迈的大娘"。我把这些区分开就容易背诵了。

师（鼓掌）：非常棒，舒阳同学观察能力非常强，她注意到了每一部分之间的不同！关于"不同"我们有一个成语叫"异口……"

生：异口同声！

师：对啦！同学们的成语积累得也不错！这个"异"字就是"不同"的意思。舒阳同学是通过观察发现的这些不同，所以，我们给她的这个方法起个名字吧！

生：观察选异法。

师：同学们总结的都是四个字的词语，读起来真是朗朗上口呢！同样，舒阳，你也去黑板上写一下背诵方法和你的名字，这个方法是你帮大家发现的。

（舒阳工工整整地写下背诵方法和她的名字）

师：我看到舒阳的"武"字和咱们中国历史上唯一一个女皇帝武则天的"武"是同一个字，这个"武"字在写的时候要注意什么呢？

生：斜钩上面没有撇！

师：对，大家写的时候一定要注意！

生（小丫高高地举起手）：老师，我发现了一个背诵方法，就是一边读，一边用动作做出来。比如，"沿着长长的小溪"（手上比画出顺延的姿势），"顺着弯弯的小路"（用手比画出蜿蜒的姿势），这样做简单的动作就不会忘了。

师：小丫的这个方法很特别，通过做手舞形象地把这个小诗展现在眼前，就像画画一样很有趣。来，小丫站在前面再给大家展示一下。（生再度示范）大家可以学学小丫的做法。我们给小丫的这个方法再起个名字吧，她是通过动作来演绎课文内容的。

生：那就叫"动作演绎法"吧！

师：好，小丫来为你的方法写下你的名字吧！（小丫高兴地用粉笔写下背诵方法和她的名字）谁还有不同的背诵方法呢？大胆地跟大家分享一下。三、四组的同学很活跃，一、二组的同学要赶紧加油了哦！

生（天乐举手）：老师，我没有特殊的背诵方法，就是把课文反复多读几遍慢慢就背会了！

师：这也是个好方法呀，正所谓"书读百遍，其义自见"！所以熟读也是非常棒的方法呢！那这个方法叫什么呢？

生：熟读背诵法！熟读成诵法！

师：同学们真是越来越有文采了，那就叫"熟读成诵法"吧！来，蔺天乐在黑板上写上名字，有的同学不会写你的"蔺"字！你写大一些，可以用红笔标出易错笔画。（巡视学生做笔记）

师：我发现很多同学不会写"熟读成诵法"的"熟"字。来，看老师怎么写这个字，拿出你们的小手跟我一起写。在写的过程中我们发现这个字里面有一种我们每一个小朋友都最爱吃的东西，你们发现了吗？

生：发现了！是丸子！（哈哈大笑）

师：同学们真是有一双慧眼呀，一眼就看见它了。我们细看这个字不就是跟我们吃火锅一样，"一人一口吃丸子"，你就会写"熟"了！（师生全都哈哈大笑）那这个字是什么意思呢？大家谁拿字典了快查一查。

（生快速翻阅字典）

师：谁查到了给大家读一下。

生（佳明举手）：植物的果实等完全长成，跟"生"相对。

师：嗯，我们教室的草莓也快熟了，就是这个字。大家根据这个意思组个词吧。

生：成熟。

师：好，佳明读一下第二个意思。

生（佳明）：（食物）加热到可以实用的程度。

师：好，大家再组词。

生：煮熟。

师：继续。

生（佳明）：加工制造或锻炼过的。

生（按要求组词）：熟铁。

生（佳明）：因常见或常用而知道得清楚。

生（按意思组词）：熟人。

生（佳明）：因经常反复地做而做得好。

生（按要求组词）：熟能生巧。

生（佳明）：程度深。

生（按要求组词）：熟睡。

师：好，这就是"熟"字的所有意思，那我们的"熟读成诵法"的"熟"是哪个义项呢？

生：第五个，经常做。

师：这样同学们就能熟练地掌握这个字了，我们遇到不会写的难字就要经常地去使用我们的字典哦！时间不多了，谁还有背诵方法呢？

生（子悦迫不及待地举手）：老师，我还有一个方法，那就是把这篇课文抄写一遍，有句俗话说"眼过千遍不如手过一遍"，我每次都是读几遍之后再手抄一遍就背会了。

师（鼓掌）：我发现子悦同学说话特别有条理，出口成章，她会引用俗语，而且她自己就是这么做的，非常有说服力，她说话就显得特别有逻辑性。同学们，咱们给子悦这个方法起个什么名字呢？

生：手抄背诵法。

师：好，真会起名字！那子悦去把你的背诵方法和名字一起写下来。

（子悦在黑板上写下背诵方法和她的名字）

师：同学们，以上就是咱们同学自己总结出来的背诵方法，总共有几种呢？

生：总共五种方法，有句段叠加法、观察选异法、动作演绎法、熟读成诵法和手抄背诵法。

师：今天由于时间关系，我们只能暂时交流到这里。但所有的方法都来自你们，只要我们多交流，就能把大家的智慧汇聚起来，形成强大的学习力。希望同学们都能用咱们自己的方法来背诵这篇《雷锋叔叔，你在哪里》，并且以后在遇到背诵文章时也能形成一套属于自己的方法。好，非常感谢二（1）班的同学们！

生：老师再见！

师：再见！

后记：

短短十几分钟的早读，却被吴老师上得有声有色。自然的导入、清晰的讲解以及适时的总结回顾，每一步都内容充实、目标性极强。即便是早读课，吴老师也采用各种方法鼓励学生参与课堂，从课堂状态中可以看到学生参与度极高，特别积极地思考和交流，而且吴老师重在给学生传递一种思想——学习要有方法。这节早读课，孩子们在轻松愉悦的氛围中大胆自信地交流自己背诵课文的不同方法，共同讨论、相互学习，形成了一种合作交流、独立学习的良好氛围。尤其是每个学生分享完以后，吴老师还让他们用自己命名的方式记录方法，这会让学生有学习的获得感、成就感。

这节课还让我学到了什么是吴老师说的"不露痕迹的指导"，学生在交流中获得了思维的提升和语言的发展。对于每一个学生，吴老师都不吝表扬，又能具体细致地给出评价，而不是千篇一律地说"好"或者"非常棒"。这也是语文教学要不断达到的一点——教学与评价相结合，这不仅给当事学生以自信，也给了其他学生以标准，他们下一次就会知道怎么去回答问题。

"授之以鱼不如授之以渔"，课堂教学就应该像这节早读课一样，教给学生一种方法或思维，远比原原本本教给他们真相来得好。这样才是"生本"教学思想的具体体现，学生也能在他们自己探索开辟出的天地里寻得舒适感，教学效果也会更务实高效。

后叙：

那天我一如平常巡视着早读，走到二（1）班窗外，看到老师正在检查孩子们背诵课文《雷锋叔叔，你在哪里》的情况，他们琅琅的书声、专注的神情把我吸引了进去，于是就有了这节即兴的"微教学"。

所谓"微教学"，是学校语文学科自己起的一个教研名词，就是在日常听课时，为了使教学指导更生动、更直观，我会借用教师正在进行的教学内容，现场即兴执教一个片段，以期和老师们共切磋、共探讨、共提升、共成长。

我认为，教学指导绝不能仅仅停留在用耳听、用笔记、用嘴说的流程中，它应该是专业上的引领和带动。我不敢说自己的"微教学"具有多么高的教学造诣，但其中一定有值得青年教师学习和借鉴的地方，尤其是有值得我们大家一起切磋、研讨和思考的地方。

日常教学中，老师们最爱说"生本怎么生"。其实不用刻意去追求形式上的生本，生本是实实在在让学生学，实实在在为学生的思维提供支架，为学生的充分交流搭建平台，为学生的语言提升创造空间，让课堂成为一个真实学习的地方，让课堂真正为学生的学习力的培养和提升服务。

这节课总结出的五个背诵方法全部来自学生，但如果我们不能像这样给予学生启发、引导和交流，这些方法可能就得不到，或者有心的老师会直接给出学生几个背诵的方法。"给"当然比"悟"来的快得多，抄在黑板上，记在本子上即可，看起来也是一堂"有效"的语文课。但这样的"有效"，抛却了学生的自我感悟、自我体验和自我思考，追求"快"的课堂上暗含着功利主义的思想，似乎只有看得见、摸得着成绩的课，才是有效的课堂教学。教学是"慢"的艺术，是"化"的过程，即便是只有十几分钟的早读，我也不希望变"悟"为"给"，重"快"轻"慢"。

"生存状态""生命质量""生机活力"，是每节课我们都要反观的重点词汇，"学习力"是每节课我们都要自测的教学价值，唯有如此，我们的课堂才有力量！

"小百家"课
——新"百家争鸣"在课堂

少年亦有凌云志！思考、发声，学习、成长。让课堂流淌自由之气息，让表达闪耀思维之异彩，让争鸣带来生命之光芒！

课堂，生命的共度

教育，是师生的一次相逢。

课堂，是师生的一次共度。

热爱语文，让这相逢和共度闪耀生命的光泽，富有生命的温度。

教育中，经常听到"别人家的孩子"这样的评价；课堂上，也时常出现优秀生独领风骚的场景。课堂上的我们，可曾关注到，有些孩子也许上了一早上课，却还没发过一次言，没得到过一位老师的表扬；甚至一周过去了，没得到过老师一次作业的面批或温存的鼓励。他们是精彩者的陪伴者，透明般地存在于课堂。然而，每个学生都是不可复制的孤本，对一个失去成长可能性的孩子及其家庭而言，再多学生的成功对他们都毫无意义。

于是借助语文，我们和学生互相书写生命历程，构筑共同的精神底色，拥有相知的心灵密码。在语文的学习中，我们通过一篇篇、一部部经典文学的阅读，如林语堂所言，来一场"灵魂的壮游"，谈认识，谈感悟，谈艺术的美感，谈思想的启迪，谈文化的影响，谈创作的点悟……

　　小义同学在我的引导下在课堂上将一段话反复读了七遍。第一遍，孩子读得稍有磕绊，我鼓励他再来一遍会更好，于是就有了第二遍。我希望他能身姿挺拔地读课文，于是就有了第三遍，可是三遍之后孩子明显有了抵触情绪，不明白我的用意，更耿耿于同学们投来的眼神。这时我告诉所有学生："课堂是什么？是浮光掠影地走一遍知识，还是用几个人的精彩替代所有人的成长？都不是。课堂是通过老师的引领和指导，让每一个学生都找到成长的机会，都获得崭新的进步，这中间需要我们彼此的支持。比如现在，我希望小义能在朗读上获得更大的进步，我就要指导他，但也需要你们对他保持最大的耐心和鼓励，这才是课堂存在的意义。"话音落下，掌声响起，小义不再抵触，于是就有了第四遍、第五遍、第六遍，到第七遍时，小义的朗读可以说是字正腔圆、声如洪钟、情绪饱满、充满自信。那时，小义上二年级。后来，小义也因此爱上了演讲，成为学校的"金牌讲解员"。这让我想起米切尔的绘本《犟龟》对我们生命的启发：犟龟陶陶能否成功，不在于它的快慢，而在于它有没有上路。鼓励、信任和指导让学生踏上成长之路，是我们通过课堂给予学生的第一道生命关护。

　　"古诗中的炼字艺术"是我和学生共度的一段诗词时光。例如，补充阅读李白的《春夜洛城闻笛》：

> 谁家玉笛暗飞声，散入春风满洛城。
> 此夜曲中闻折柳，何人不起故园情！

　　学生们各抒所见。

　　学生有品"暗"字的。一个"暗"字，首先照应了诗题中的"夜"，既点明时间，又突出环境；其次"暗飞声"，说明这笛声低回婉转，悠悠然飘入诗人耳际，轻轻地勾起诗人怀乡思人的情绪；最后这个"暗"字体现了吹笛人借笛解忧的无奈和幽怨。学生热烈地讨论着、交流着、补充着，在他们挺拔的身姿中我看到了自信、阳光，在他们喷薄的表达中我感受了生命的勃发与生机。原以为对"暗"的品析已够深刻，没想到又一波的思维碰撞迎面而来。

　　部分学生紧跟着展开了对"满"字的品析。其一，"满"字与"散"字形成关联，明明是单薄的幽幽笛音，却能"满洛城"，全赖着"散"字，所以两者之间有一种关联的作用；其二，虽是幽怨，却溢满胸腔，在这暗夜里借笛音诉传；其三，因为"满"，所以传入了诗人耳中，让诗人也跟着产生思乡之情。学生对"满"字的品悟有些出乎我的意料，其实备课中我更多关注的是"暗"字，但当学生提出"满"字并能层层解析时，我又一次被学生折服了，我感谢自己一直为学生搭建交流平台，提供表达机会，指导他们如何表达，但更惊艳于学生的深入思考和诗意表达的成长速度。我们用彼此的努力成全了自己生命最美的时刻！

所以语文教学，是融情的教学，离开了情绪的沉浸和传递，语文课将生硬冰冷，只是知识的堆垒；语文教学，又是思维的教学，离开了思维的训练，语文课也只剩下停留于纸面的字词句段。融情、启思、鼓励表达是我们通过课堂给予学生的第二道生命关护。

我读到过这样一首诗：

> 小孩光着脚丫在地板上跑起来
> 留下的脚印就像游动的鱼
> 妈妈来了
> 用拖把将这些"鱼"一网打尽

极妙的一首小诗，写出了孩童世界与成人世界在同一件事上的视野交汇，成人以爱之名毁灭了孩子们丰富的创造力，这就是我们教育的悲哀。

通过小诗，我们品读的不再是文辞手法，而是"人"的成长。第一个系统探讨教育"立人"的是鲁迅先生，"立人"是鲁迅思想的逻辑起点和最终价值指向，先生希望通过改造国民性来达到"立人"乃至"立国"的目的。在上面小诗里的这位妈妈的眼里，书本知识和考试题才是孩子该掌握的，除此以外，皆需"一网打尽"，这和很多为了可怜的分数而奔走的教师如出一辙。教育不是工业，学生不是流水线上的零件，他们有思想，有灵魂，有追求，有向往。我们应如农民般对待他们，精耕细作，春种秋收，让谷物们经风雨，历暴雪，然后饱满起来，瓜熟蒂落。

课堂，是生命历程中的一个点，一个小小的成长点，鼓励学生崇高的精神追求。"立德树人"是我们通过课堂给予学生的第三道生命关护。

人文关怀、学习引领、精神培育，是我们通过课堂给予学生的生命关护，让学生的生活有色彩，生存有尊严，生命有意义。

语文如玉，独绽其华

语文如玉，一篇篇佳作在涵养我们的同时，语文教师在用自己的教学探索涵润着语文，"语文教师应该是学校里最美的老师，因为他们天天浸润在凝结着人类智慧与思想的文章里，感受着不同时期、不同国度的不同文化，久之，那些思想的光芒便莹映于脸上。当然，前提是他自己首先是一个好阅读、爱思考的人才行"。

大量的听课实践让我发现——理念的提出与推行和教学实际的落地与效果之间的确是存在着落差的。这落差产生于何处呢？

教材是一样的，教参是一样的，教研活动也是一样的，唯教师个人对教材的认知与解读不同，对文章的思考和设计不同，于是落差便由此产生了。它产生于教师对教学参考的依赖思想，产生于平而散的课堂提问，产生于教师局限性的阅读、粗浅的经验和有限的专业视域……因此在教学中，我们努力追求让自己做一个有独立灵魂的、会提问题的教师，倒逼自己潜心阅读、积极思考、累积经验，努力让语文课发挥应有的"培根铸魂、启智增慧"的作用。

语文如玉，课堂上，我们首先追求语言文字的光芒。语言文字的启蒙与思想的启迪不是割裂进行的，思想的启迪必须依托语言的学习。"语文课程应引导学生热爱国家通用语言文字，在真实的语言运用情境中，通过积极的语言实践，积累语言经验，体会语言文字的特点和运用规律，培养语言文字运用能力"，从而学会表达、敢于表达、乐于表达，在文字的涵养中体会语文学习的意趣与作用，用语文滋养心灵的成长。

语文如玉，我们的课堂还追求思维的光芒。我校的语文课，通过"核心问题引学"，促使教师静心研读教材，努力学习设计"提领一顿，百毛皆顺"的核心性大问题；再通过"梯度问题助学"，让学生沿着几个有价值的问题支架步步攀升，自主学习；还要通过"思辨问题深学"，培养学生的高阶思维习惯，向深度学习迈进，在思维的启迪中，"发展思维能力，提升思维品质"。

而教师能否结合文本提出这样的问题，也随时考量着教师的学习力和教学专业能力。

语文如玉，我们的课堂更追求思想的光芒，这也是我们备课的第三个层级，即最高级要求。基础级是字词句的教学，它们是构建起语文殿堂的砖瓦，不可或缺；提升级是语文教师的思维意识，通过课堂，启发学生思考，将语言表达能力的培养与思维品质的提升同步进行，关注思与说、思与辨、思与写的培养，让自己的教学跳出篇章局限，将思维引向由一篇到一类的对比阅读、归类阅读的探索中去，继而将学生引入无限广阔的文学海洋；最高级是思想层面的教学，任何经久流传的好文章都具有烛照千年的思想价值，对经典名著中蕴含的思想价值的学习，是一个人全面发展的必由之路。关于这一点，《论语·阳货》中孔子与弟子仲由的一段对话说得很清楚。

子曰："由也，女闻六言六蔽矣乎？"对曰："未也。""居！吾语女。好仁不好学，其蔽也愚；好知不好学，其蔽也荡；好信不好学，其蔽也贼；好直不好学，其蔽也绞；好勇不好学，其蔽也乱；好刚不好学，其蔽也狂。"

这段话的意思如下。

孔子问："仲由啊，你听说过仁有六种品德、六种弊病吗？"子路说："没有。"孔子说："坐下，我告诉你。爱好仁德却不爱好学习，他的弊病是容易受人愚弄；爱好智慧却不爱好学习，他的弊病是导致行为放荡；爱好信誉却不爱好学习，他的弊病是可能危害亲人；爱好直爽却不爱好学习，他的弊病是说话尖刻；爱好勇敢却不爱好学习，他的弊病是可能犯上作乱；爱好刚强却不爱好学习，他的弊病是狂妄自大。"

上面这段话未见华丽辞藻，也未见写法上的特别讲究，但却流传千年，何故？思想，是思想的光芒让它穿越千年，启迪后人。如此之类，不一而足。在中华上下五千年的历史长卷中，像这样闪耀着思想之光的文化经典不正是需要我们通过课堂引导学生去发现、去体悟的吗？然而，思想的教育不是硬生生标签式的灌输，而是涵养式的，在润物无声的教学中，自然而然地"渗透中华优秀传统文化、革命文化、社会主义先进文化"，从而自然而然地帮助学生增强文化自信，树立正确的价值观。思想的教育是最难的教育，也是最深入骨髓、伴随终身的教育，价值观的树立直接影响着学生的人生方向，也影响着国家未来发展的方向。我们语文教师必须学习借助经典的文质兼美的作品，加强对学生思想情感的熏陶感染，这是对语文教师专业功力、思想境界、人生格局、国家意志的极大考量。

语文如玉，涵之养之。"腹有诗书气自华"，让我们通过语文学习，多一些读书时的静气、交往时的雅气、表达时的灵气、立世时的浩然之气，让自己因着语文学习而独绽其华。

以《静夜思》一文说说集体教研

《静夜思》是一年级下册的一篇讲读课文，这首诗因其文字浅白、琅琅易诵而脍炙人口，甚至很多学生在没上学时就已经会背了，那么把这首大多数孩子都会背的古诗安排在一年级下学期的教材中，我们该教些什么呢？老师们围绕着这篇课文又该怎样集体教研呢？带着这样的问题，我走进了一年级语文组。

一、组织文本解读，关注释疑提炼

集体教研要充分发挥老师们的积极能动性，让老师们畅谈自己对教材的理解。这次的集体教研，是在全组八位老师，其中六位老师已经上过该课的基础上进行的教后交流。尽管是教后交流，但其意义和作用也绝不亚于教前教研。

交流的核心问题围绕着崔老师提出的"如何随文识字"以及"一年级古诗怎么教"的教学困惑展开。

其他五位执教过本课的老师依次发了言。他们的发言基本上是对自己课堂教学流程的呈现，是漫谈式的，而如何根据他们的发言做出清晰、凝练的概括，则是集体教研组织者的任务了，否则，大家还是会"眉毛胡子一把抓""各家各有各家长"，模模糊糊一大片，达不到解困释疑的效果。

于是，根据老师们的发言，我提炼出了以下几个关键词，并对这些关键词做了进一步的阐述和解析。

根据王老师的发言，我提炼出了教学古诗要注意"创设情境"。我们可以通过看图片，说想象等方式进行情境创设，拉近古诗意蕴与学生生活实际的距离，让学生对古诗产生亲近感。

根据周老师的发言，我提炼出了"多层次诵读"。古诗教学绝不是看上去的那么简单，如这首《静夜思》，孩子们基本上都会背了，还怎么读？他们还会有那么高的兴趣来学习吗？所以我们就要分层次读：初读时，就是为了读通、读顺、读准；在接下来的诵读中，就要逐步加入对句意的理解，理解性诵读；还要培养学生的语感，古诗的平仄对仗是其语言上的最大特点，这当然也需要通过诵读才能加深体会；在感悟对仗的基础上，再进行拓展性读，增加教学的厚度与宽度，这就有意思了。

根据邓老师的发言，我提炼出了"关注识字方法的渗透"。邓老师在随文教学中对"思"字进行教学时，问到"心字底的字和什么有关"，这一个小问题对偏旁识字法进行了巩固。她还拿"又疑瑶台镜"和本首诗中的"疑是地上霜"进行比较，这就是"关联"，通过存在相关联系的内容进行教学，帮学生学会知识的迁移和比较，掌握学习方法，进行自主学习能力的培养。

根据陈老师的发言，我提炼出了"学生视角"。陈老师说，记得小时候学这首诗时，她就会问自己："为啥要举头望明月，低头思故乡？"长大后学习了"海上生明月，天涯共此时"，才明白那明月高悬于天，可不就是这样抬头望月吗？从她的发言中我还提炼出了"教学语言要与文本内容相一致"。进行古诗教学，教师的语言不能过于生活化、口语化，需要诗性一些，通过语言为学生营造学习古诗的氛围很重要。比如，陈老师在发言中说到的"俯仰之间""思念家乡""遥想故乡"等语汇，工整凝练，就具有诗性语言的特质。

根据张老师的发言，我提炼出了"要结合作家生平"。每一首诗都不是孤立于作者一生的，它与作者的经历息息相关，而作者诗歌的特点就蕴于字里行间。比如这首《静夜思》，李白是一个仗剑走天涯的人，他具有"直挂云帆济沧海"的气魄，更具有"疑是银河落九天"的瑰丽驰想，他的诗中总是充满了伟大的浪漫主义气息，而这里一句"疑是地上霜"，在瑰丽驰想中让我们看到的不再是意气风发、仗剑天涯，而是孤寂寒凉、此情难付。

通过这样的交流、提炼与解读，崔老师的困惑被解开了，所有老师在这个过程中都达到了释疑的效果。

二、指导教学设计，实现以篇带类

从解困释疑到教学设计，这中间还有好大一步。解困释疑解决的是认识上的问题，而教学设计解决的则是实操层面的问题，要迈过去，真的还需要我们的集体教研再向深走一步，为老师们提供可参考、可改进、可提升的教学策略。对于一线教师尤其是新入职和入职不久的老师来说，他们最难的就是如何将认知与实际相结合，用正确的认知指导灵活的教学，使语文教学充满生机，让语文课堂洋溢诗情，让全体学生爱上语文。

教学设计，简言之，无非是解决好两方面问题，即"教什么"和"怎么教"。

"教什么"，教材已经提供，以本课为例，就是上好《静夜思》，我们通过第一环节的教学研讨对文本进行了深入解读，解决的就是教什么的问题。教学目标的确定、学情的分析以及教学重难点的把握，都是在文本解读的基础上完成的。

而"怎么教"，就涉及教学流程。一年级学生学习古诗，根据课标要求，需要"展开想象，获得初步的情感体验，感受语言的优美"，"能正确流利地朗读古诗，读出古诗节奏，背诵古诗"。依据新课标，结合我们的研讨，我们梳理出了本课的教学思路，即入诗境—明诗意—读诗韵—品诗作—悟诗情。

明白了教学流程，还要说说教学的组织方式，尤其是交流方式。很多老师上课的交流方式比较单一，基本上就是师生一对一地进行，参与面窄，多数学生游离在交流之外，很容易造成听讲分心的现象。立足于生本的课堂，一定是面向全体学生的，课堂的开放度大、参与度广，才能让学生的学真实发生，而不是由几个爱发言的孩子替代了大家的表达，因此多角度、自发式交流方式更应大面积地出现在课堂上。同时，教师完全可以将评价权放手给学生，由学生来评价彼此的回答，教师做补充性、提升性、发展性评价和指导，这样的交流方式才能实现各归其位、各负其责，让参与带动学习，让学习走向深入。

从按部就班到游刃教学，我们需要什么

经常有青年教师说，"我们怎么就不会挖掘教材""我们什么时候才能抛开教案，挥洒自如地上课呢"。那日我走进二年级语文教研组，看到老师们正在共研《"贝"的故事》，就借此课和青年教师一起聊聊，"从按部就班到游刃教学，我们需要什么"。

一、必须坚持学生立场

所谓坚持学生立场，就是要了解学情、把握学情、尊重学情。老师们会说，我们天天跟学生在一起，难道我们还不了解学情吗？这还真不是说和学生待的时间长，就证明你了解学情。很多时候老师们备课、上课依赖的东西很多，有人手一册的《教参》，有出版售卖的《教案》，还有大家集体教研的教案和PPT，似乎有了这些东西的加持，老师们就可放心大胆地步入教室，开始上课，可老师就是忘了自己面对的学生。说得直白些，拿着这些现成的、带有很强他人色彩的、拿来主义的东西去上课，就是一种走捷径的表现，课怎么能上得有色彩、有温度、有广度、有深度呢？学生又怎能变成课堂真正的学习者、交流者和参与者？

以《"贝"的故事》这一课的教学来说，教师的教学任务是完成了，但当我们静下心来从研究者的角度来回味这节课时就会发现，学生基本上是处于一种被动的学习状态中的。

纵观本节课的交流方式，基本上以师生一对一的单一交流方式为主，更多学生被闲置在问题之外；加之问题大都以组词为主，所以也不太能看出学生的学习热情和学习实力。尽管这样，有些地方还是让我为学生组的词而高兴。比如，学到"壳"这个字，有学生组词"破壳而出"；学到"骨"这个字，有学生组词"寒风刺骨"；等等，都是很好的生成性内容，如果我们能及时就学生组的词，好好看看"破壳而出"的"壳"，再说说"寒风刺骨"的"骨"，不就能增强学生对这两个字的理解和运用吗？这是多么生动的来自学生的"教材"啊！

坚持学生立场，心中想着学生，教师就会站在学生学习的所需来备课，也会按照学生发展的所需来上课，教师眼中、心中有的就不只是教材，学生的发言、学生的已知都会成为教师可利用的课程资源，教师的"教学观""课程观"一定会因此而有大不同的。

二、必须加强教师的海量阅读

不想按照教案本中的设计来上课，就要有自己独到的教学见解和新颖的教学设计，而这是需要教师平时大量阅读积累的。语文教师没有大量的阅读做积累，就不可能让自己的课收放自如，因为你在备课时看不出上下文之间的关联，不知道由文中的某一个字、某一个词、某一个句等生发出的与文章之外世界的联系，所以你的课只能按部就班地走环节，生怕哪里走得不对了，把哪个知识点漏掉了。

在《"贝"的故事》中有这样一句话："一些生活在水里的动物，用贝壳保护自己的身体。"就这一句话，老师有没有想过把它展开了指导学生学？可能老师们会说这句话也太简单了，学生难道不理解吗？正因为有了这样的认识，所以老师安排学生一读而过，认为没什么可教的。但是有经验的老师，他会留意哪些内容学生容易忽略掉，哪些地方学生可能一知半解，哪些地方是学生学习的盲点，这真的需要老师经年的经验和个人丰厚的阅读经历。

有丰厚阅读基础的教师，才会逐渐拥有阅读悟性，而教师的阅读悟性也决定了他的教学悟性和课堂呈现。比如文中这句话，首先点出了贝类的生活环境——水里，其次点出了它们的类别——动物，最后点出了它们的特点——用贝壳保护自己。老师的作用就是组织学生在反复朗读的基础上拎出这三层意思，然后巧妙地随文识字——"壳"。壳要保护的身体是软软的，就像下面的"几"，壳在哪里？就是这个"秃宝盖"。这个壳要怎样才能保护自己的身体？要硬，就像一个大力士一样。这样教学生字，多么自然，多么清晰，从字形，到字义，再到书写，一气呵成。紧跟着回到原句，再读，加深理解，再拓展——"像这样用壳保护自己身体，生活在水里的动物还有谁？"我相信学生一定能说出不少。

这才只是一句话引发的内部剖析和外在联系，那么放至全文呢？上上下下、内内外外这样的联系得有多少？二年级语文教学，不扎扎实实在词句上下功夫，培养学生的阅读童子功，只是一篇篇大同小异地走流程，学生能获得哪些真阅读能力？能有哪些优秀的、规范的语汇做积累？课堂教学的窄化，如何实现我们说的开放的、自由的课堂教学？所以，语文教师要多读书、多思考。唯其如此，才不会在"术"的层面打转转，才会让原本丰富多彩、浩如烟海的语文课充满无尽趣意、无穷魅力。

三、必须提升教师站位

只有老师从社会哲学层面深刻理解了自己的工作与自身、社会、国家之间的内在联系，才能迸发出特有的、主动的教育激情和教育智慧。

就像"贝"这个字，它穿越千年来到我们面前，中国的古代先人根据它的样子画出的文字和它是多么像啊！这就是甲骨文，是画又不是画，它不像画那么复杂，但它又是画，在线条的彼此绘制间，一个人类最早的文字就诞生了，而且只有中国，全世界唯一将自己国家最古老的文字流传至今，它是古人智慧的象征，是中华文明得以延续的血脉！

教师在课堂上这样抒情，绝不是矫揉造作出来的，而是发自内心的，为民族自豪、为家国骄傲的真实感情。这感情绝对与教师的职业认同、价值认知有着巨大的关联，否则你就会觉得说这样的话太肉麻了，或者拔得也太高了吧。所以说，语文教师一定是国家"立德树人"根本教育任务在课堂教学上的第一责任人，也一定是祖国灿烂文化、悠久历史、优良传统在课堂教学上的第一传承人。

经常听人说语文课好上又不好上。按部就班走教案，这课就好上；体察学情有见地，这课就不好上。

所以，从按部就班到游刃教学，我们所学尚浅、所练尚缺。好在我们还年轻，让我们一起努力，为了学生的真学习、真课堂、真成长不断提升自己，愿借此文与老师们共勉、共长！

学力培养，从预习开始

预习是一种常见、常提、常用的学习方法，现实教学中，老师们往往是怎样用的呢？一般以作业形式布置给孩子们，如预习某节课：课文读三遍，生字组词，回答课后题，等等。这是比较常见的一种预习作业，它关注了学生的朗读、识字和思考，为这一课时的学习打下基础。但是随着各种教辅资料的扑面而来，学生们的预习已经演变成了文字搬家，从组词，到赏句，再到分段、概括主要内容，直至回答课后题，可以说是应有尽有、应详尽详。如果学生的预习都是在这些教辅资料的帮助下完成的，我们不能说其没有作用，但学生学习力的培养一定会受到影响，我们不需要这样的文字搬家式的预习，我们依然倡导"生本"理念下的预习。

首先，教师愿不愿把预习拿到课堂上来做？多数老师是不愿意的，因为他们认为那样太占时间，课堂是用来给学生讲课的，怎么能让学生占着好好的课堂来做预习呢？但我认为，无论我们执教哪个年级，都应拿出一定的课堂时间来培养学生的预习能力，进而养成预习习惯，帮助学生实现预习衔接，成为会学习的人。

其次，预习什么呢？我将其概括为"预习三法"，以表格简示如下。

项目	年级					
	一年级	二年级	三年级	四年级	五年级	六年级
读	认真指读	大声诵读	自由朗读	朗读+默读	速读+慢读	默读+背记
画	圈画生字	圈画词语	画出词句	画出词句	画出词句	画出词句
写	—	—	词句+质疑	质疑+小标	小标+读写	补充+读写

上表内容只是一个大致的衔接，体现了一定的预习梯度，就其具体而言又有诸多变化。

比如，对"读"的要求。一年级上学期我要求学生指读，这是对学生读书专注力的训练。我要求学生读书时做到"眼到、手到、口到"，让所指即所读，所读即所见，加强认与读之间的对应关系，提高学生的识字能力。经过一段时间的训练后，学生就能逐渐掌握朗读技巧，因此基本上一年级下学期，随着读书速度的提升，他们就可以开始朗读了，不必再指读。

"背记"也不一定只有六年级才可以进行，其他年级也可以进行，视预习内容和学生学习水平而定。

再如，对圈画"词句"的要求。圈哪些词，这是教师要给学生讲到的。一般来说，我们圈三类词。

生词——含有生字的词。

好词——用得好的词。

新词——有新鲜感的词。

"句"我们也分三种情况。

表结构的句子——如总起句、总结句、过渡句。

写描写的句子——如写人物的外貌、动作、心理、神态等；状物类的文章中，写实物外形、色彩、动静变化的句子。

点主题的句子——如抒情性的句子、有深刻含义的句子等。

又如，对"写"的要求。一、二年级不要求学生写家庭作业，三至六年级才开始有写的家庭作业，这里我主要想就"质疑、小标、补充、见解"稍微多说几句。

"质疑"，无疑是对学生学习力、思维力的有效培养，学生学而无疑惑，所有疑问都来自教师提问，那学生就真成了知识的容器。按照部编版教材的安排，学生提问可从内容、写法及收获几个角度展开，但这些也都需要教师利用课堂时间进行指导，待学生基本养成了这样的质疑习惯，形成了质疑能力后，再放手学生独立完成。

"小标"，即用小标题概括文章相应内容，这是我在指导学生预习中最常用的方法，非常有效。学生每读完一个自然段，就用一个词在段尾标注出该段内容，这是对学生概括提炼能力的高强度训练。起初学生不太适应，概括提炼得比较慢，感觉比较费事，但随着应用次数的累积，学生慢慢掌握了这种方法，就越来越快。不仅如此，在提炼概括中，学生也慢慢地熟能生巧，发现有些段落和段落之间意思存在关联，就自觉地把它们归并到一起进行概括。更重要的是，概括能力的养成于无形中提高了学生的阅读速度、深化了学生的阅读思考、磨下了学生阅读图快不图理解的急性子，把学生的无痕阅读变成了有迹阅读，提升了阅读效果。

"补充"，是学生在阅读中根据自我发现补充到书上的一些内容，有关于作者生平的，关于字词理解的，关于写作方法的，等等，这些知识性的补充在课堂交流中也都发挥着很好的作用。

"读写"，即读写结合点。不同文章会带给学生不同的受益点，那么"读写结合"的提出，就是学生在预习时，根据自己的预习体会，或写一两句感悟、一两句收获，或仿写某一句、某一段，等等，都是学生自发地找寻和训练。"读写"练的是学生对语言的敏锐度，对作品的鉴赏度，对自我的完善度。不强求中透着自由成长的需求，当学生开始寻找读写结合点并愿意动笔一试时，他就慢慢成长起来了。

以上只是对预习的一点粗浅感慨和实践，学习路上各有各法，只是通过课堂预习，我们为孩子每个阶段的自主学习力铺垫好第一块基石，帮助他们拾级而上，成就自我。

"小耳朵"课
——听的世界很美好

听自然之声，听历史之音，听智慧之响，听时代之鸣！广积薄发，启智增慧。

学生难道不会"听"吗

学生难道不会"听"吗？这问题问得好奇怪。是呀，学生只要不存在听力障碍，哪个孩子不会听呢？

可如果我们提出学生听的专注度、听的持久度、听的信息提取力以及边听边思考、听后能复述、听后能创作等要求，恐怕大家对上面的问题就要重新思考了吧！

听力是一个人的注意力、理解力、分析力、归纳力和记忆力的综合反映。教育心理学研究表明，人们在生活中的语言交往，听占45%，说占30%，读占16%，写占9%。美国口语专家罗斯的一份报告表明，听是获得信息、摄取知识和发展智力的重要途径，我们每个人自出生起，都是通过听来学习语言的。当代社会中，"会听"是一个人与时代共振的需要，较强的听话品评力和听话组合力可以与人有效地进行交流，建立相互之间的友谊和信任，对生活各方面产生极大的促进作用。

《义务教育语文课程标准（2011年版）》指出："语文课程应致力于学

生语文素养的形成与发展。"结合学生的语文核心素养来看，"听、说、读、写"在整个语文教学中相互促进、协同发展。从课堂来看，良好的听课能力直接影响着学生的学习效果，它使学生更加专注地听老师的讲解，听出讲课时的重点，听出知识间的内在联系，甚至能听出讲话的言外之意，听课效率自然就高。训练"听"的能力，不但能够促进学生语文素养的全方位发展，而且能够直接增强学生参与实践、大胆创新的意识，培养学生的创新精神和实践能力。

有关"说、读、写"三大语文基本能力的研究与实践层出不穷，可关于"听"的能力的训练，尤其是在语文教学中对学生进行"听"的训练少之又少。为此，我校语文学科对一、二年级学生进行了听力训练，并将其命名为"小耳朵"课。根据学生年龄特点及认知心理，一年级的"小耳朵"课一节课为20分钟，二年级的"小耳朵"课一节课为40分钟。教师通过丰富有趣的听力材料和固定的课时，指导学生学会专注倾听，做到听中提取信息、思中处理信息、思后表达信息。

除了必要的课时保障外，学校还列出学期"午听清单"，将听力内容拷贝至各班电脑，通过"'小耳朵'午听时间"，供教师按时播放；再指导各班开展"'小耳朵'晚听时间"，坚持听经典故事、红色故事、经典名著等，丰富听力内容，做好语文积淀。

听写有真意

听写是日常教学中老师们最常用到的一种检测教学成效的方式，但它似乎像一个板着面孔的老师，时常以冰冷的样子出现在学生面前。更有甚者，如果听写有错，那他当天可就不那么好过了，有些老师会以此为惩戒，罚孩子十几遍甚至几十遍的纠错。想想都可怕，如此对待听写，学生如何能爱上语文？

教师应通过正确而多样的方式，让听写成为学生巩固旧知、查漏补缺的学习伙伴，进而让学生提升学习效率，爱上语文。

第一，课前听写宜精不宜多，这是关于听写的量的要求。一般情况下，一节课满共40分钟，课前听写是对前一天教学效果或学生预习效果的检测，时间一般控制在5分钟，不宜过长而影响当堂教学时间。内容分解下来，大概是汉字注音4个，词语听写8个，外加一个句子类的题或对之前学过的诗句的巩固即可。

第二，听写亦有温度，这是关于听写的认识的问题。有些老师把听写看得太认真了，每一个字词、每一个注音都必须考，非常严格。我倒认为，日常的听写不必那么较真，搞得人人紧张，听写的目的不外是检测学生是否掌握了应知应会的字词句而已，只要能达到这个目的就可以。因此，我在日常听写时，往往会请学习程度相对弱一点的孩子为大家做"听写提示官"，请他们为大家分析老师为什么会听写这些内容，在听写的字词当中哪些地方是特别要注意的。做"听写提示官"的孩子特别骄傲，首先他们要具有一定的问题分析能力，其次他们要对前一天的教学内容掌握得比较扎实（因此他们会特别专心地上课），最后他们要有良好的表达能力。此三样真是帮了我大忙，谁说学业帮扶只能在课后进行？我们这样当堂进行，既有效利用了课堂时间，又激励了这部分孩子的上进心和求知欲，尤其是当发现他们有表达上的困难时还能及时指导，瞬间帮孩子化解了学习困难，一举三得，何乐而不为？难道非得把孩子考住、难住，然后老师批作业时批得一肚子气，最后通过罚写来解老师的气吗？恶性循环，于师于生两不得益，我们何苦为难自己和孩子！而当这种方法运用多日后，学生自己出词听写的能力也日渐形成，老师就干脆连出词的机会也一并交与学生，这也是"生本课堂"的一种很好体现。当我们正确地认识了听写的目的，并采取积极有效的听写手段后，孩子对听写的喜爱和对语文的沉醉是挡都挡不住的！

第三，不一定只听写词语，这一点是关于听写内容的。我在语文教学中，有时会进行半节课的听写专项训练，所听写的内容大多来自名篇选段或诗歌节选。这里丰富学生文学积淀的作用自不用说，关键从听力角度来说，学生的专注力、速记能力、准确适用语言文字的能力以及语感都被训练了出来。因为所有听写内容都是由我来朗读的，教师朗读时的情感表现、抑扬顿挫等，此时都进入了学生心里，无形中他们也会模仿着老师去朗读。教学中，时常会有老师抱怨学生写字时爱张冠李戴，这是学生对汉字的使用情境不熟练造成的，所以听写语段，可以帮助学生接受不同语言的风格，感受不同的语言环境，拓宽汉字的应用领域，为学生个人语言体系的建立与发育培土夯基。还有，在听写新的语段时，学生往往会遇见没学过的字，怎么办？查字典！否则，那厚厚的字典就只能长期躺在家中的书柜里了。在我们班，字典是学生学习必不可少的伙伴，几年下来，有些孩子的字典都翻得散了页，可大家觉得这才是物尽其用。

第四，还想说说对听写的批改，"快批快改"是一个原则。一般课前听写我会直接利用当堂下课时间进行批改，所有孩子把听写本打开到听写页面，然后全部离开教室做户外活动。我则一个人留在教室，按座位顺序一个一个批阅过去，关心听写情况的孩子会趴在窗户上向里看，然后向"消息树"一样地给同学们报告着"老师走到×××的座位啦"。这一小小举动，将听写、批阅、师、生紧紧拴在一起，待上课铃响，一本本批阅完成的本子，带着大大的红对钩迎着孩子们返回座位。即便有个别错误，只改三遍，一分钟不到也就完成了。较之有些老师一次听写几十上百个词，学生听写得多，错得也多，改得就更多了，如此机械重复的乏味订错，早把孩子们的学习热情消耗殆尽了。因此，我主张"听写少而精"+"快批快改"，如此这般，学生何来厌学之说？

听写，提升了孩子们的专注力，开阔了孩子们的阅读视野，也培养了孩子们的学习力，更由此让孩子们不惧听写，爱上学习，爱上语文。

听力课"意想不到的故事结局"教学实录

一、内容简析

我校"小耳朵"课的课例探索刚刚起步，究竟该怎样执教，语文老师几经尝试一直也没产生太清晰的思路。一堂以听力训练为主的语文课，既要突出听力训练，又要体现语文特点，这的确是一项全新的尝试。所谓听力训练，其侧重点在于训练学生的专注力、思考力，同时结合语文课的特点，将听中想、听后说、听后写有机结合起来，那么就需要老师们善于寻找课堂介质——教材。我们的探索刚刚起步，还不存在教材一说，所以我们都是自寻内容，自行开发。

此次我执教的自定题目是"意想不到的故事结局"，教学内容有二。一是根据二年级学生年龄小、爱听故事的特点，让学生通过听中猜，学习绘本故事《西西》；二是在《西西》的基础上，分人分片段朗读《麦琪的礼物》，让学生继续通过听中理解、听中猜测，最终感悟到意想不到的故事结局带给读者的震撼。

二、教学目的

1. 通过对绘本故事《西西》的猜测，指导学生专注听、认真想，根据相似场景提出不同的问题，训练学生的发散性思维。

2. 通过分人分片段朗读稍有改编的《麦琪的礼物》，培养学生专注听、认真想、勤于笔记的学习习惯。

3. 通过对两个故事的学习，引导学生感悟意想不到的故事结局给读者带来的思想震撼，并学习这种独特的表达方式。

三、教学难点

1. 根据相似的场景发散思考提出不同的问题。
2. 体会意想不到的故事结局带给读者的震撼感受。

四、教学重点

体会意想不到的故事结局带给读者的震撼感受。

五、课时划分

1课时。

六、教学设计

1. 听绘本故事，多角度质疑

师：同学们，今天老师给大家带来了一个非常有意思的小故事。在讲这个故事之前，我想先请一名咱们班的打字小快手上台，一会儿根据大家的发言，在电脑上打出相应的内容。谁愿意试试？

（生举手）

师：好的，就请你来吧！我开始念了。这个故事的名字叫《西西》。"好多人在踢毽子，只有西西一个人坐着。好多人在跳房子，只有西西一个人坐着。"你想问她什么？

生：（生文档打字记录）西西为什么一直坐着不跟大家一起玩呀？

师：边听边思考，真好，这就是我们的疑问。大家都在玩，西西，你为什么不来玩呢？

师：（指导打字学生）这是一个问题，可以在句尾加上问号，再在这句话前面加一个序号"1."，这样就可以把大家提的问题都记下来了。

好了，接着听——"好多人在丢沙包，只有西西一个人坐着。"你想问什么？

生：西西，你一个人坐着难道不孤独吗？

师："难道不孤独吗"是从人物的心理感受去提问的，你也是一个会边听边思考的孩子。这是第几个问题？

生：第二个。

师：我们接着听——"好多人在玩飞碟，只有西西一个人坐着。"

生：西西，你为什么一个人坐着呀？

生：西西，你不开心吗？

师：是呀，她难道遇到了什么不开心的事吗？这是第几个问题了？

生：第三个。

师：我们继续听——"好多人在开碰碰船，只有西西一个人坐着。"

生：西西，你不觉得碰碰船很好玩吗？

生：西西，那么好玩的碰碰船你不想试试吗？

师：你不觉得碰碰船很好玩吗？那么好玩的碰碰船你不想试试吗？这两个同学发出的疑问都围绕着西西，但又有所不同，都在关心她。继续听——"好多人在唱歌，只有西西一个人坐着。"

生：西西，你唱歌很好听呀，为什么不去唱一唱呢？

师：西西，你为什么不去唱呢？继续听——"有好多人在买东西，只有西西一个人坐着。"

生：西西，你不想买东西吗？

生：西西，你没有钱吗？

师：同学们越来越关心西西，对这个故事的疑问也越来越多。我们继续听——"好多人在玩游戏，只有西西一个人坐着。"

生：游戏很热闹，你不想去玩玩吗？

师：游戏很热闹，各种声音，西西还是一个人坐着，你们对她有没有担心？你担心她什么？

生：我担心她不开心。

生：我担心她有什么事想不开。

师：真是有同情心的孩子们。继续听——"好多人在野餐，只有西西一个人坐着。"

生：西西，你不觉得饿吗？

师：同学们的发问都是紧扣着听到的内容进行的，边听边思考，听得很认真。继续听——"快来！看那边打起来了，很多人在看热闹，只有西西一个人坐着。"

生：西西，为什么这么热闹你不想去？

师：这么大的动静以及那么多热闹的事情，西西还是一个人坐着，不为所动。听到这儿，你们想不想知道故事的结尾？

生：（齐）想。

师：好，我们听故事的结尾——"西西，谢谢你。你是最棒的模特，这是我画得最美的画。"你们猜到这个结局了吗？

生：完全没有。

师：这就是"意想不到的故事结局"（板书课题），但这个故事结局让你感觉怎样？

生：舒缓极了！

师：舒缓极了，为什么呢？

生：因为西西没有事情。

生：没有那么担心了，也没有那么紧张了。

生：我不担心西西了，因为她没有生病，也没有无聊。

师：意想不到的故事结尾，会让我们一直想读这个故事，不断地猜测它的结局，结果还没猜对，让我们在意外之余又觉得合情合理，同时为故事中的主人公所感动。

就像这个故事中的西西，她有哪些地方让你特别感动或意想不到？

生：我觉得西西跟我们的年龄应该差不多，但是她能不受旁边唱歌声、欢笑声的影响，能在那里一直摆姿势，非常有自制力。

生：西西能坐住，如果是我们一两秒可能就跑了。

生：西西有耐心。

生：西西不怕累。

师：（板书："宁静""专注"）感谢同学们分享了你们听故事时的疑问和收获，也感谢咱们班的"打字小快手"在屏幕上所做的记录。

老师想请同学们再听一个故事，要求依然是"边听边推测"，看看这个故事的结局你想到了没。

2. 听改编小说，助能力成长

师：我把这个故事制成了好几张小故事条，先请第一名同学来朗读，其他同学按要求认真听。

生："明天就是圣诞节了，德拉只有1元8角7分给吉姆买一份礼物，他们实在太穷了。"

师：字正腔圆，读得真好。其他同学听出哪些信息了？我们再听一遍，然后回答你听出了什么。

生："明天就是圣诞节了，德拉只有1元8角7分给吉姆买一份礼物，他们实在太穷了。"

生：他去买礼物，但只有1元8角7分。

师：对，1元8角7分要去买礼物，钱很少，甚至有零有整。还有吗？请前面同学补充。

生：我听出他们家很穷。

生：我听出，虽然他们家很穷，但是德拉还是要给吉姆买礼物。

师：我们把几名同学听出的信息合到一起，就是听故事时首先要找到故事的主人公，（板书："德拉"、"吉姆"、买礼物）这个字念"吉"，"吉祥"的"吉"。另外，这两个主人公有什么关系？德拉和吉姆是一家人，他们家很穷，要过节了，可家里就有1元8角7分钱。（板书：穷）好，我们继续请同学来读，其他同学依然是边听边提取有用信息。

生："现在能让这夫妇俩特别引以为豪的东西，一件是吉姆的金表，那是一件传家宝，另一件则是德拉美丽的秀发。"

师：第一次读。能够读到这个程度真不错，再给你一次机会，继续把它读流利、读准确。我们日常练习朗读就是这个样子，一次读不好就再来一次，一次会比一次好。

（生大声地、流利地朗读）

师：你听出了什么信息，或是想给大家提个什么问题？

生："传家宝"是什么呢？

师：谁能解答这个问题？

生：就是一直在家里流传的，妈妈传给孩子，孩子再传给他的孩子。

师：解释得很形象啊！谁还有问题？

生：让他们引以为豪的两件东西分别是什么？

生：一件是吉姆的金表，另一件则是德拉的秀发。

师：好，请同学们在你们的听力笔记本上记："金表""秀发"。这金表和秀发分别是什么样的呢？我们继续听。

生："此时此刻，德拉拆开秀发，那秀发长及膝下，泼撒在她的周围，微波起伏，闪耀光芒，有如那褐色的瀑布，又仿佛是她的一件长袍。"

师：真不好读，这里面的形容词很多，同学们需要好好听，还请你给同学们再大声地读一遍。

（生朗读）

师：你都听到了哪些形容词来形容秀发？

生："长及膝下"。

师：这是一个。一起比画比画"长及膝下"。

（生用手比画，一下就明白了这个词的意思，并且发出微微的惊叹声）

师：记录下来。

生："泼撒"和"闪耀光芒"。

师：了不起，听到了两个词。用"泼撒"来形容头发，你们之前听过没有？

生：没有。

师：那能不能用，为什么？

生：可以用啊！这样就感觉那头发又多又密还长，就像泼出去的水一样。

师：讲得很清楚啊！赶紧再记一个"泼撒"，还有一个"闪耀光芒"。哇，这头发简直太漂亮了，还闪耀光芒！

生：还有一个，"微波起伏"，就是她的头发带着卷，很漂亮。

师：太好了，我们再记一个，"微波起伏"。一起读一下这三个词，边读边想象德拉头发的美丽。

生：我还听到说德拉的头发像瀑布和什么来着。

师：你也不错啊！听出了一个比喻句，来，我们请刚刚那个同学把这句话再读一遍。

生："有如那褐色的瀑布，又仿佛是她的一件长袍。"

师：你再带着大家一起有感情地朗读一下这句话。

（生齐读）

师：记录关键词，哪两个？

生："瀑布""长袍"。

师：一次就能抓住问题的核心，全班同学跟着他一起记这两个词。记好的同学看一下你们的笔记本，对德拉长发的描写，前三个词是——

生：看到的。

师：对啦，前三个词是作者看到的，后两个词还是看到的吗？

生：想到的。

师：是联想到的。你们看，短短一句话，作者这么有层次地描写出了德拉秀发的美丽，这就是写作。让我们看着黑板上的词语一起读出描写德拉秀发的句子。

（生看黑板齐读）

师：好，我们继续请同学往下读。

生："哦，卖掉它！给吉姆买一件礼物。她来到理发店，20元卖掉了那一头秀发。"

师：我听你"哦"的一声，为什么"哦"？

生：她怎么把自己的秀发卖掉了？

师：这让你们感到怎样？

生：太可惜了。

生：那头发那么美，得长多长时间才能长出来啊，德拉就把它给卖了。

师：我听出了你们对德拉长发的疼惜之情。来，我们继续听——

生："揣着那20元钱，她找遍了各家商店，终于找到了一条朴素的白金表链，镂刻着花纹，只有它才配得上那只金表。"

师：她去干什么了？

生：（齐）买白金表链。

师：原来她把长发卖了，是去给吉姆买表链了。她走遍全城，买来的表链什么样？

生：刻着花纹。

师：我帮你们加一个"镂"字，和在一起就是"镂刻"，也是刻的意思，但比刻更多了一种美感。我们一起读读这个词，然后记在本子上。后面的故事又怎样呢？

生："吉姆回来了，当他看到德拉一头美丽的秀发没了踪影，只有短短的像男孩一样的头发，他愣住了。"

师：我看你瞪大了眼睛，为什么？

生：啊，你的头发去哪儿了？

师：你的眼神中充满了疑惑。

生：德拉把吉姆给吓了一大跳。

师：是啊！吉姆完全没有想到德拉会去把头发剪了。后来怎样了呢？

生："吉姆从大衣口袋里掏出一个小包，扔在桌上，让德拉打开。德拉白皙的手指灵巧地解开绳子，打开后，紧接着是欣喜若狂的尖叫，突然就变成了连声的哭泣。"

师：听到这儿，你们有疑问吗？

生：她为什么哭了？

生：那个包里是什么？

生：她不是先欣喜若狂吗？怎么又哭了呢？

生：是不是那个包里的东西把德拉吓住了？

生：那个包里是不是包着德拉的头发？

师：你太有想象力了，不过你也很善良，希望德拉的头发能够回来，希望德拉依然拥有美丽的秀发。

故事马上就要结束了，让我们一起来听听这个故事的结局。

生：原来，那个包里包着一套梳子——两鬓用的，后面用的，样样俱全。

（生沉默了）

师：（走到一个学生身边，轻声说）说说你此时的感受好吗？

生：我好难过，为什么啊！这一套精美的梳子，德拉再也用不上了！

师：我看你眼里已含着泪水，你也说说好吗？

生：我很感动！他们那么穷，没有钱，却都想着对方，德拉把自己的长发剪了卖钱给吉姆买礼物，而吉姆也想着德拉，给德拉买梳子。他们彼此爱着对方。

师：这就是意想不到的故事结局带给我们的情感冲击。

3. 推荐作家，广泛阅读

如果以后有机会，老师还将和大家一起继续走进欧·亨利的小说，去体会意想不到的故事结局带给我们的思想震撼和情感冲击。

今天我们从绘本《西西》走进了欧·亨利小说，不要小瞧我们二年级的孩子，我们通过小耳朵，一样可以听出这大千世界的美好与感动。就让我们在西西的专注负责和德拉、吉姆的真爱中结束这节课吧！下次"小耳朵"课再见！

"小书虫"课
——厚积方可薄发

从前，有一个点，走着走着变成一条线，形成一个圆，组成一幅画，构成一个世界！这个点，就是阅读，你在哪里开始阅读，哪里就不黑暗。

指向学习力培养的"课外阅读课内化"

如前所述，"学力课堂"指向于对学生学习力的培养，一个人一旦拥有了学习力，那么他将具有终身的成长力，这是非常可怕却又非常强大的能力。未来学家托夫勒曾预言："21世纪的文盲将不是那些不会读写的人，而是那些不会学习、学过就忘，以及重复学习的人。"大量的实践也告诉我们，一个人具备了终身的学习力，那么无论身处何境，他都可以走出泥淖，迎来曙光，而对学习能力起决定性作用的正是阅读力。

但阅读力绝不能和死记知识画上等号，它由阅读兴趣、阅读习惯以及阅读能力三要素构成。我国基础教育正在从"知识本位"向"核心素养"时代迈进。对于这句话，先知先觉的老师已有意无意地实践数年，但仍有很多老师依然抱着"知识"不放，强调记答案、刷考题，一学期就一本教科书读来又考去，窄化了语文，抑制了学生的学习兴趣，更淡化了对学生学习能力的培养。

我国学生核心素养的培养，是以培养"全面发展的人"为核心，分为文化基础、自主发展、社会参与三个方面，其综合表现为人文底蕴、科学精神、学会学习、健康生活、责任担当、创新实践六大要素。语文则要充分发挥其"培根铸魂、启智增慧"的作用，培养好学生的语文核心素养，即语言建构与运用、思维发展与品质、文化传承与理解、审美鉴赏与创造。我们只需稍做分析就能看出，语文四方面的核心素养都需要通过阅读、阅读、再阅读才能逐步养成，阅读既是语文核心素养的基础，也是学生核心素养的基础，简言之，人的成长与发展最离不开的就是阅读。

今后中高考都将进一步加大对阅读能力的考核。目前高考语文还只需考生阅读不超过7000字的内容，今后有可能会扩大到9000～10000字，加大阅读强度、扩充阅读内容、研究课外阅读教学将成为一种大趋势。

而"课外阅读课内化"则是我近30年教学生涯从未放松的一种教学主张和实践，回首过往，我庆幸自己一直在坚持这件事，我和我的学生也因此而看见彼此的成长。

一、二十八年前的"一周一戏剧"

工作第一年，自己不过18岁，虽经历了专业的师范学校培养，可对什么是教育、什么是教学没多少切身感受，就懵懵懂懂地登上了讲台，和40多个孩子朝夕相处，为40多个家庭的未来担起责任。

记得很清楚，那时一年级每周二、周四上午都只上三节课，周二是教师教研活动时间，周四没有安排。于是，我就将周四上午的第四节课安排成了我们班的"戏剧课"，学生自愿参加。本以为孩子们会被家长早早地接回家，没想到，竟然全班报名。我们就利用这一节课，读故事，讲故事，演故事，编新故事。那时还没有什么"全民阅读"，也没有铺天盖地的幼儿图书，更没有现代化的电子设备，孩子们的课外阅读几乎是一片苍白，家长中能够关注课外阅读的更是少之又少。我们班的"戏剧课"不仅成为全校第一，也是唯一，有人不解，有人笑笑，但也有人支持。没处买书我们就集书、借书，甚至是我自己抄书，目的就是带着孩子们多听书、多读书、多看书、多演书，产生阅读兴趣，走向自我阅读。可以说，我那时的探索还停留在"阅读兴趣"这个层面，自己对阅读的理解也很朴素，还没有把这些实践和阅读能力培养挂起钩来，但现在的阅读教学就完全进步了。

在那种朴素状态下进行的"课外阅读课内化"实践，一学期下来，从《小兔乖乖》《雪孩子》《哪吒闹海》《三打白骨精》这些家喻户晓的中国文学，到《小红帽》《海的女儿》《白雪公主》这些经典的国外童话，孩子们跟着我不仅读了大量的课外故事，拓宽了阅读面，更参与编排表演，一个个小演员由此诞生，一个个小导演也有模有样。学生的策划能力、组织能力、交际能力以及班级的凝聚力都在一节节的排练中一点点练成，学生的核心素养也得到极大的培养和提升。而我的趣味课堂、情感课堂、开放课堂也由此拉开了序幕，孩子们对语文的热爱和痴迷就从那时开始了！

二、从"一周一戏剧"到"3+2"课时分配

如果说"一周一戏剧"是我初入教坛时关于激发学生课外阅读兴趣的一种潜意识创新之举的话，那么"3+2"课时分配则是我在工作十几年后进行的关于培养学生阅读习惯及能力的一种积极而主动的教学探索。

所谓"3+2"课时分配，指的是一周五天，其中"3"天用来进行国家统一教材的教学，其余的"2"天进行课外阅读课内化教学（特别说明一点，"3+2"课时分配中虽未提及写作课，然"读写"不分家，这是教好语文和学好语文的规律，因此无论是课内阅读课还是课外阅读课，我们都开设了读写结合课用以指导学生写作）。史蒂芬·柯维在《高效能人士的七个习惯》中指出，高效能人士第二个重要习惯就是"忠诚于自己的人生计划"。为了加强约束，保证课外阅读得以落实，我将"3+2"写于前黑板右上角，并将其含义和作用解释给学生，规定周一和周四各抽出一节课作为课外阅读交流课时间，希望通过学生的监督，促使我们无论在何种情况下，都能将"课外阅读课内化"坚持下去。确立了课外阅读时间，接下来我们就以理性维持阅读兴趣，以交流养成阅读习惯，以品鉴提升阅读能力。

于永正老师曾说："靠自己读书成长起来的学生，不但结实，而且有可持续发展的后劲。""3+2"课时分配，不仅保证了阅读教学的时间，更是在培养学生心智成长和道德修养方面发挥着巨大作用。阅读力决定学习力正成为教育界和阅读界专家普遍认可的重要教育理念。

日有所读方能精进

一、茫茫书海，循序渐进——读书要有序

朱熹说："读书之法，在循序而渐进，熟读而精思。"他强调，读书要一步一步来，"譬如登山，人多要至高处，不知自低处不理会，终无至高处之理"，还是扎扎实实前进为好。他说："读书之法，莫贵于循守而致精。"这就是说，读书要有个先后顺序，读通一书，再读一书。如何体现这种序呢？这里既有关于学生认知心理成长发育的"序"，又有"读什么"的序。

年段	学生阅读情况分析	书目分类	书目推荐
一年级	识字量少，但想象力丰富，喜爱有插图的书籍	1.儿歌类 2.国学类 3.文字类 4.绘本类	1.《金波儿歌选集》《经典儿歌》等 2.《三字经》 3.《一年级的小蜜瓜》《一年级的小豌豆》《小猪唏哩呼噜》《三个小宠物》《小老虎历险记》等 4.《猜猜我有多爱你》《爷爷一定有办法》《快睡吧，小田鼠》《小北极熊系列》《我绝对绝对不吃番茄》《好爸爸》《好妈妈》《月亮晚安》《月亮生日快乐》《好饿好饿的毛毛虫》《逃家小兔》等
二年级	识字量加大，具有初步的独立阅读能力，阅读时间也相对延长	1.诗歌类 2.国学类 3.文字类 4.绘本类 5.名家类	1.《成长的书香》诗歌卷 2.《百家姓》《弟子规》 3.《窗边的小豆豆》《我讨厌妈妈》《转一转，翻翻看》等 4.《男孩儿的冒险书》《森林报》《温妮又飞起来了》《温妮在海边》《温妮的新电脑》《牛年的礼物》等

年段	学生阅读情况分析	书目分类	书目推荐
三年级	读书涉猎面开始扩大，不再满足于画面感强的作品	1.诗歌类 2.国学类 3.文字类 4.名家类 5.名著类	1.《小学生古诗80首》前40首 2.《笠翁对韵》《增广贤文》 3.《伊索寓言》《小王子》《格林童话》《安徒生童话》《上下五千年》《成语故事》等 4.沈石溪系列动物小说等 5.《昆虫记》《西游记》等
四年级	已有一定的阅读积累量，读书速度更快，涉猎更广，是记忆的黄金期	1.诗歌类 2.国学类 3.文字类 4.名家类 5.名著类	1.《小学生古诗80首》后40首 2.《千字文》 3.《陈伯吹童话》《严文井童话》《中国古代神话》《中华成语故事》等 4.林海音系列作品等 5.《爱的教育》《海底两万里》《水浒传》等
五年级	理解力增强，阅读兴趣浓厚	1.诗词类 2.国学类 3.文字类 4.名家类 5.名著类	1.《满江红》《水调歌头》《如梦令》《破阵子》等 2.《大学》 3.《狼图腾》《风之王》《它们是怎么来的》等 4.《朱自清散文集》等 5.《三国演义》《假如给我三天光明》等
六年级	开始有人物崇拜萌芽，可以阅读传记类书籍	1.诗词类 2.国学类 3.传记类 4.名家类 5.名著类	1.《沁园春·雪》《长征》《赤壁赋》等 2.《少年中国说》 3.《比尔·盖茨传》《隋唐英雄传》等 4.老舍文集等 5.《红楼梦》等

二、漫溯青源，有法可依——阅读要有法

还是朱熹语："看文字，须大段着精彩看，耸起精神，竖起筋骨，不要困，如有刀剑在后一般。就一段中，须要透，击其首则尾应，击其尾则首应，方始是。不可按册子便在，掩了册子便忘却"，再有，"读书有三到，谓心到、眼到、口到。心不在此，则眼不看仔细，心眼既不专一，却只漫浪诵读，决不能记，记亦不能久也。三到之中，心到最急。心既到矣，眼口岂不到乎？"因此，若想向青草更青处漫溯，就要不断地给予学生方法的指导，使其运用恰当的方法学会阅读，读有所获，具体如下。

年段	书目类型	方法指引
一、二年级	1.儿歌类 2.国学类 3.文字类 4.绘本类	1.引领学生熟读成诵儿歌类和国学类的内容，在读的基础上争取背会 2.帮学生读懂文字类内容的文意，可适当地积累一些其中的好词，试着用个别的词语造个句子，加强运用；绘本类的内容在读懂文义的基础上，可让学生练习有感情地朗读，也可试着创编自己的绘本
三、四年级	1.诗歌类 2.国学类 3.文字类 4.名家类 5.名著类	1.诗歌类和国学类的内容在理解的基础上达到背诵程度 2.在学习文学类、名家类及名著类作品时可适当做些读书笔记，学习摘录好词佳句，用一两句话简单表达自己的读后感
五、六年级	1.诗词类 2.国学类 3.传记类 4.名家类 5.名著类	1.诗词类和国学类的内容在理解的基础上达到背诵程度 2.在学习传记类、名家类和名著类作品时要学会做读书笔记，使在书中"圈点画记"成为自己的一种读书习惯，建立专用的读书笔记本，读书笔记应体现连续性、积累量以及感悟程度

三、星辉斑斓，各抒己见——课内要交流

组织学生开展好课堂交流活动，如问题竞答、话题讨论、感悟分享，或由学生担任小老师组织大家进行讨论交流。小老师一般由四人小组共同承担，每人所负职责不同，根据"字、词、句、段、篇"几个方面进行分工，组织大家当堂交流。这样的读书交流课是学生最喜爱的，他们的发问、发言、课堂衔接以及PPT的制作都是那样的精彩。正因为有了课堂交流，学生才有信心、有热情、有动力、有方法去阅读我们推荐给他们的大量书籍，才能真正实现语文素养的提高。

四、破茧成蝶，读写结合——读写要结合

首先，读写结合符合阅读心理过程。就阅读的心理机制而言，存在着两个心理"回合"：一是从语言到思想，从形式到内容，从外部到内部，从部分到整体的心理过程；二是从思想到语言，从内容到形式，从内部到外部，从整体到部分的心理过程。前一个"回合"是基础，后一个"回合"是提高，特别是后一个"回合"又恰好与写作的心理过程相吻合。因此，就这一意义而言，阅

读教学已包含了作文教学的指导。

其次，读写结合符合学生的心理特点。学生语言能力的发展靠积累、靠模仿、靠内化、靠积淀。根据儿童的"模仿性"特点，教材提供了大量的范句、范段、范文作为读写结合的"中介"；根据儿童的"表现欲"特点，借助大量写片段形式，及时运用阅读所学到的知识进行写作，满足了儿童这一心理上的需要；根据儿童"易遗忘"的特点，采取边读边写、学用结合的做法，有利于知识的巩固。

《义务教育语文课程标准（2011年版）》里虽然没有明确提出"读写结合"，但它提出"要注重语言的积累、感悟和运用"，这句话其实讲的就是读写结合。积累感悟是什么？积累感悟就是通过阅读来吸收，来积淀语感经验，来积累语言材料。运用是什么？运用就是倾吐，就是表达。

我们阅读了那么多中外名篇名著，若能将其与写作联系起来不是更好吗？于是，读写结合也是我们"课外阅读课内化"的一个重要体现，更是海量阅读的一个归宿。例如，背诵了《笠翁对韵》，我们就利用交流课指导学生试写对韵句子；看了《爱的教育》，我们就指导学生写自己班的《爱的教育》。如今，已经有不少同学都写了自己的小说，并且印成书册，每每捧着那装帧精美的小说，一种幸福感和成就感就油然而生。孩子们就像一只只蛰伏在茧壳中的小蛹终于积攒够了力量，破茧而出，羽化成蝶，在广阔的天地自由飞舞。

"课外阅读课内化"让语文课变得厚实了，广阔了；让学生的读书兴趣变得更加浓厚了；也让学生由读到写，在一片书香中静静地走向更远的前方。

从小捧读整本书

一旦阅读成为一个人的习惯，那么读书就变成他的生活方式，使他的生活走向理性。

如曾国藩所言："苟能发奋自立，则家塾可读书，即旷野之地、热闹之场亦可读书，负薪牧豕，皆可读书；苟不能发奋自立，则家塾不宜读书，即清净之乡、神仙之境皆不能读书。何必择地？何必择时？但自问立志之真不真耳！"

读整本书，不是什么新鲜事，古人一直是用整本书当教材教语文的。叶圣陶先生在《略读指导举隅》中写道："学生从精读方面得到的种种经验，应用这些经验，自己去读长篇巨著以及其他的单篇短什，不再需要教师的详细指导（不是说不需要指导），这便是略读。就教学而言，精读是主体，略读只是补充；但就效果而言，精读是准备，略读才是应用。"这里的略读指的就是整本书阅读。

叶圣陶先生的文章总叫人受益。他在《论中学国文课程的改订》中写道："现在的精读教材全是单篇短章，各体各派，应有尽有。从好的方面说，可以使学生对于各种文体都窥见一斑，都尝到一点味道。但是从坏的方面说，将会使学生眼花缭乱，心志不专，仿佛走进热闹的都市，看见许多东西，可是一样也没有看清楚。现在的国文教学，成绩不能算好，一部分的原因，大概就在选读单篇短章，没有收到好的方面的效果，却受到了坏的方面的影响。"

"试问，要养成读书习惯而不教他们读整本的书，那习惯怎么养得成……平时教学单篇短章，每周至多两篇，以字数计，至多不过四五千字；像这样迟缓的进度，哪里是读书习惯所许可的？并且，读惯了单篇短章，老是局促在小规模的范围之中，魄力就不大了；等遇到规模较大的东西，就说是两百页的一本小书吧，都会感到不容易对付。这又哪里说得上养成读书习惯？"

"以上的话如果不错，那么，国文教材似乎该用整本的书，而不该用单篇短章，像以往和现在的办法。退一步说，也该把整本的书作主体，把单篇短章作辅佐。"

虽然整本书阅读一直未被编进教材，但在日常教学中，我对此深信不疑。整本书阅读，需要学生付出更多的耐心与专注，是对学生阅读习惯培养的最好载体，养成整本书阅读习惯，学生方能身心俱静，由此致远；也才能将日常所学的阅读方法由生到熟运用其中，不断磨炼和提升阅读能力。"从小捧读整本书"，方知书香能致远。

一、与书相逢捧读时

每个清晨，我用读书迎接学生的到来，让书声伴着曙光一同照亮孩童的面庞；每个午休，我用读书陪伴孩子进入梦乡，让鲜活的文字缓缓淌进孩子们的幼小心田。"捧读一本书"是孩子们时常看到的教师画面，"相逢读书时"是书香营造的最美时刻。

让孩子们读什么书，我必先读。随着时代发展，我们一点点走出了那个书日匮乏的年代，书店里的书乃至网络上的书多到不知如何挑选，读经典是条好路子。经典文学作品内涵丰富，语言饱满有张力，能引发不同读者对人、对世界、对真善美的真切思考和体验，可为儿童毕生的发展打下精神基底。

小孩子的模仿力是最强的。当他们还是一年级的小豆丁时，跟着老师一起手捧一本书，咿咿呀呀地跟读，认识的或不认识的字，读得通或读不通的句子都没关系，在反复地朗读中，那些初次谋面带给他们生疏感的文字都会逐渐揭开阻隔在他们中间的面纱，而变得清晰起来、熟悉起来。于是，诵声缓缓飘出窗外，在《弟子规》的诵声中孩子们慢慢变得知礼仪，在《猜猜我有多爱你》的跟读中，看似简单的绘本短句却读出了深深的母爱。老师耐心地、满含深情地领读是一年级最美好的时光。

渐渐地，孩子们长大了，领读似乎不那么重要了，他们早已学会了自己朗读。于是，领写就又在前面等着他们了。读完一本书，或在读的过程中我每有体会，便会落笔成文与孩子们分享。当我们一起沉浸在《大秦帝国》如痴的阅读中时，我的《东风起，云飞扬》便展示在孩子们眼前，于是他们也纷纷拿起稚嫩的笔，写下并不稚嫩的文字。

二、主题循序解其味

教师先读，不仅是读文字，更要读懂。读懂作品的主要内容、主题思想、表达特点、结构安排等，还要能站在学生立场，预设出学生在阅读过程中可能会遇到的阅读障碍、本书与其他作品如何发生关联、用什么形式分享、需要几课时的阅读交流课等。这些对教师的要求很高，既占时间，又耗精力，是教学中的慢功夫，也是真功夫。谁走捷径，一看便知。

阅读要有序，循序而进，步步走实。一、二年级我们读的书比较多，也比较杂，如绘本、童诗、古诗、故事、童话等。进入三年级后，我们共读的就相对集中了。三年级首先开始的是沈石溪的动物小说，紧跟着是对纽伯瑞获奖作品的共读；三年级下学期我们共读了《大秦帝国》和青少版《红楼梦》；四年级共读了《射雕英雄传》《三国演义》《吴姐姐讲历史》等历史题材作品。

"爱一个民族，就从爱她的历史开始"，三、四年级我们对历史题材的广泛涉猎起到了显著的效果，学生言谈间都透着一种正气。

五年级时我们通过"两周一家"带领学生走进大家美文，开始学习一定的文学鉴赏。这一时期的阅读与三、四年级的阅读比起来，少了些故事情节上的波澜起伏，多了些对文学味道的领悟品鉴。我们通过大家专著先后结识了丰子恺、朱自清、季羡林、鲁迅、张晓风、梁晓声等作家。两周时间内，通过"一读二画三写注"的读书方法（本书前面所讲到过的预习之法），我们每天阅读一至两篇共读篇目，再于周一和周四的"课外阅读"时间进行集中的交流分享。分享形式各异，有下座位互相翻看同学课外书上笔记的"自读观摩"，有优秀片段背诵的"积累大赛"，有对所喜欢文段的"独家鉴赏"，有对作家创作风格进行分享的"我说大家"，等等。

六年级时我们通过"两月一著"深读名著，在整部著作的深度阅读中，开启了对中西方小说的初步鉴赏之行。再次走进《红楼梦》，与三年前初读《红楼梦》自然有了很大差别；《基督山伯爵》《巴黎圣母院》《呼啸山庄》《简·爱》以及欧·亨利短篇小说集等著作，将我们的视野拉向更远的世界。

持之以恒的整本书阅读教学，不仅使学生核心素养得到显著提升，也让我们逐渐对比出单篇教学与整本书阅读之间的不同。比如教学过程，整本书阅读的教学多是以"话题"为切入点进行交流式教学，突出学生的阅读实践活动，以激发兴趣、培养习惯、提升能力为目的，注重学生对个性化感受的分享，阅读自由度更大，更关注学生个体目标的达成。整本书阅读与单篇阅读互为补充，相得益彰。

三、天下无如读书乐

"智"这个字很有意思，每"日"学习一些"知"识，慢慢地就会成为一个有"智"的人。只有"智"还不够，还要有"慧"，就是每天用"心"融汇知识，用心求知，方能成为"智慧"之人。

有人说，"读以致用"，讲求语用，这里自然是有一些功利的认识在其中，但读以致用是人类社会不断前进的重要动力。我们不能将其窄化、僵化和扭曲，读书不能与考试画等号，如果读书只是为了考取好成绩，这个人就将背上考试的枷锁，由功利起，至功利终，似乎这样一个闭环即是阅读的价值了。

莫言说，"文学最大的用处就是没有用处"，这种"无用之用"真该是我们语文教育者思考的问题。语文教育专家温儒敏说"阅读如呼吸"，呼吸是生命得以延续的一种状态，我们感觉不到它，它却护佑着我们的生命。阅读亦是如此，不读书，你无法体会这种与生命交融在一起的生活状态，它护佑我们的精神，支撑我们的所念。

读，除了可以致用，亦可致知。知行合一，有知方能有行，知深而行远。孔子云："朝闻道，夕死可矣。"读书真如这般让人放不下，追求真理，追求挚爱，恐怕读以致乐亦是一种大境界了吧！苦读，为功利；乐读，至境界。"天下无如读书乐""此心安处是吾乡"。

《尼尔斯骑鹅旅行记》整本书阅读教学设计

一、名著简介

《尼尔斯骑鹅旅行记》是世界文学史上第一部，也是唯一一部获得诺贝尔文学奖的童话作品。作者是瑞典女作家塞尔玛·拉格洛芙。

拉格洛芙3岁时因下肢患病行走困难，但一生热爱写作。《尼尔斯骑鹅旅行记》是根据瑞典教育部的要求，作为一部学校地理教育读物而写的，不料它在以后竟成了世界文学艺术的珍品。

这本书讲述了尼尔斯从一个调皮捣蛋的孩子变成一个勇敢、乐于助人的好孩子的过程。学生从书中学到帮助别人是最快乐的，要做这样的孩子。在这次长途旅行中，尼尔斯看到了祖国的美丽风光。他增长了许多新知识，结识了许多好朋友，听了许多传奇故事，同时经历了许多困难与危险，并从各种动物那里学到了不少的优点，逐渐改正了自己以前的缺点，还培养了勇于舍己、助人为乐的优秀品德。尼尔斯变善良了，当他重返家园时，不仅变回了人，而且成了一个勇敢、善良、乐于助人、富有责任感而又勤劳的男孩子。

二、教学目的

1. 在阅读推荐课及学生日常对本书的阅读基础上进行交流，学习根据书名提取主人公、对比阅读的读书方法。

2. 通过对主要人物形象的交流，初步培养小组合作能力。

3. 感受尼尔斯的善良勇敢，并从中受到良好的思想引领，学习他乐于助人、勇敢、善良的品质。

三、教学重点

紧扣尼尔斯的旅行过程，交流尼尔斯的人物形象。

四、教学难点

学习小组合作讨论人物形象。

五、课时安排

3课时。第一课时：读书推荐课；第二课时：读书交流课；第三课时：读写结合课。

六、教学过程（第二课时）

1. 读书名，明特点，自设疑

（1）老师知道同学们都是爱看书的好孩子。不知道下面这些成语你们是否能读出来呢？

（PPT）

·书香门第、博览群书、著书立说、知书达理（先领读，再说发现，然后给义说词）。

·手不释卷、一目十行、囊萤映雪、凿壁借光（先领读，再说和上面的一组词有什么不一样的地方，然后给义说词）。

·读书破万卷，下笔如有神。

·熟读胸中有本，勤写笔下生花。

设计意图：这一部分只是围绕"书"进行课外补充，以积累促阅读，以熟读促思维。

（2）刚刚同学们读到的成语和诗句都与"书"有关，愿同学们多读书，读好书。今天我们要聊的话题就和"书"有关。

《爱丽丝梦游仙境》讲的是谁的故事？

这些呢？《木偶奇遇记》《三个和尚没水吃》。你发现这些书名都有怎样的特点？（人物+故事）

那么就简单了，《尼尔斯骑鹅旅行记》主要讲的是谁的故事？

设计意图：进行必要的读书方法的指导：人物+故事的命题方式，可以让我们迅速知道一本书的主要内容并引起思考。

（3）围绕主人公尼尔斯，你能提出哪些问题呢？（尼尔斯有什么变化？尼尔斯骑鹅去过哪里？尼尔斯一路上都遇到了谁？尼尔斯一路上发生了哪些事？……）（板书）

设计意图：在刚刚对题目分析的基础上，引导学生自主质疑，并为下一环节的小组合作打下基础。

2. 促合作，解疑问，提能力

（1）有感情朗读，激发思维。

我们看看尼尔斯发生了怎样的变化，先看看他最初的样子。

师出示句子，生读：

但是，尼尔斯一点儿也不喜欢学习，他最喜欢的是睡觉和吃饭，还有就是恶作剧——扯公鸡的鸡冠，揪猫咪的尾巴，等等。

①请大家试着读读这句，一定要读准、读熟。

②这是一个怎样的尼尔斯？（好吃懒做、惹是生非、让人讨厌的尼尔斯）（PPT）

③如果你是那只被他扯了鸡冠的公鸡，你会怎样想？如果你是那只被他揪了尾巴的猫咪，你又会怎样想？

④读出这种厌恶、想逃离的感觉来。

设计意图：读是理解的基础，不读，只谈，会的永远会，不会的永远不会，所以让文字呈现于眼前，让书本发于声，晓于心。同时，引导学生体会人物内心情感并进行想象和表达。

⑤ 当他旅行归来后，他变成什么样了？

师出示句子，生读：

听到尼尔斯的声音，奶牛愣了一下，她望了望尼尔斯，发现他还是像离家时那么矮小，身上也穿着原来的衣服。可他现在脚步轻盈，说话有力，双眼有神，比以前在家时精神多了。

⑥ 此时的尼尔斯有变化了吗？有了怎样的变化？（原来的他懒洋洋，现在的他充满活力与自信。这是透过眼神传递出的变化）再读：

"爸爸，妈妈，我变大啦，我变回真正的人啦！"尼尔斯惊喜地喊起来。他们一家人高兴地抱在了一起。

⑦ 此时的尼尔斯有变化了吗？有了怎样的变化？（原来矮小的他又变回了人的模样，一家人欢天喜地）

⑧ 除了书上写到的这些变化，你知道尼尔斯还有哪些变化？（变得勇敢、善良了）

（2）深入书本，圈折分类。

那么，尼尔斯这一路上都遇到了哪些人呢？下面请同学们以同桌为单位，一起找找看。（PPT要求：按照章节，一边翻书，一边找，找到后把这个人物圈出来，并折上书角）

① 学生开始合作找人物，老师巡视做指导，并请找到的同学带着大家一起圈人物。圈到的小组获得小卡片奖励，为后面人物分类做准备。

（教具准备：P.5小精灵、P.9大雁阿卡、P.10莫顿、P.23斯米尔、P.33松鼠希尔来、P.47灰鼠大军、P.61猫头鹰、P.65紫貂、P.69水獭、P.77铜像、P.82木头人、P.89小灰雁邓芬、P.106绵阳群、P.130乌鸦强盗、P.146大狗、P.152老鹰高尔果，16个）

设计意图：通过翻书找人物，使学生再次回归书本，学会翻阅、查找，增强对整本书的熟悉度和掌握度。

②尼尔斯一路上遇到了这么多人，你们能给他们分分类，并说说理由吗？站在前面的同学也能说，或自由组合。

陪伴尼尔斯一路的朋友：大雁阿卡、莫顿

被尼尔斯战胜的敌人：斯米尔、灰鼠大军、紫貂、水獭、铜像、乌鸦

被尼尔斯帮助过的人：松鼠希尔来、小灰雁邓芬、绵阳群、大狗、老鹰

帮助过尼尔斯的人：木头人

教师板书：战胜、帮助

设计意图：归类阅读是阅读的好方法，可以帮学生抽丝剥茧，形成框架，把整本书读薄，又从"薄"中提取出人物品质，为整本书阅读打下良好的基础。

（3）回文说事，标注笔记。

① 尼尔斯用什么战胜了敌人，帮助了朋友？（用智慧、勇气、正义、善良）

② 翻到书的目录部分，拿出红笔，在你喜欢的一个或几个故事旁边加朵小红花，并用一句话写出你喜欢它的理由。

③ 前后桌交流，互相读读前后桌写的句子，可以在自己的书上进行补充。

④ 谁愿意分享？把你的书展示给大家看看，再读给大家听听。

设计意图：读写结合。二年级刚刚开始整本书阅读，需进行必要的读书笔记的指导，可以帮学生留下读书印记，加深对故事人物、故事情节的理解。

（4）看图说话，了解环境。

① 一路上，尼尔斯他们都飞过哪些地方呢？我们一起来看看。

出示图画：耕地牧场、松树林、河流、瀑布、大海、悬崖。

② 填括号（PPT）：

（像大格子布一样）的耕地牧场　　　　（冰雪覆盖）的松树林

（漂满浮冰）的河流　　　　　　　　　（飞流直下）的瀑布

（掀起巨浪）的大海　　　　　　　　　（深不见底）的悬崖

③ 用一句话把它们连起来读一读，并说说你的感受。

尼尔斯他们飞过了_____，他们是多么_____啊！（坚强、勇敢、了不起、有收获）

④ 对尼尔斯来说，这场旅行是什么？（是结识朋友，是战胜敌人，是挑战极端环境，更是完成一次自我重塑，呈现一个全新的自我）

设计意图：这一次的读写结合，明显比刚刚进行的要难一些了，它是对学生理解、归整能力的一次检验，也是对学生进行规范的、准确的、生动的语言训练。

3. 做辨析，明方法，拓阅读

（1）看看黑板，尼尔斯这一路上遇到了那么多人，想想看，如果没遇到他们，这个故事会怎样？（会失去很多意思，失去很多故事，变得单调无趣）所以，写小说，人物可以使情节丰富，可以使小说更有意思。

（2）其实，像这样的旅行记之类的小说我们都可以采用今天课堂上的方法来学习：先找出核心人物，然后根据他提出相关问题，如他有什么样的变化、遇到了谁、去过哪些地方、发生了什么事，然后画成思维导图，可以帮我们更加深入而清晰地阅读整本书。

设计意图：小结本节所学的阅读方法，帮学生建立阅读概念，积累阅读方法，将学生引向整本书阅读的广阔天地。

（3）我们之后还可以运用这样的方法阅读《爱丽丝梦游仙境》《匹诺曹历险记》《八十天环游地球》等小说，还可以等我们上到三年级时阅读《尼尔斯骑鹅旅行记》的原著，到那时，同学们的收获会更大！

七、板书设计

尼尔斯骑鹅旅行记

尼尔斯（自私、勇敢、善良）	题目知意法
人物	人物提问法
朋友—敌人	兴趣标注法
情节艰难险阻	准确表达法

我们这样读《射雕英雄传》

一、选课初衷

聂震宁提出，对一本书的阅读认知通常有三个层次，第一个层次是读过，第二个层次是了然于心，第三个层次是能对书中内容有所评析，并且结合其他阅读及事实做出比较，进而融会贯通。执教本课，自然是希望将学生引入阅读的第三个层次，通过"主题式"阅读交流，使学生读有所思、读有所获。在读过、知道的基础上增强思辨能力，这就是所谓的"君子务本，本立而道生"。我希望学生通过阅读成为一个有是非判断力、文学鉴赏力和正确价值观的人。

二、课前准备

在上本课之前，我和学生经历了一个多月的共读时间。《射雕英雄传》这部著作有四大本之厚，配画少，语言半文半白，不似平常的儿童文学作品般灵动轻松，富有童稚。该书对于四年级学生来说，在阅读上还是有一定困难的，所以单就文字阅读来说，对学生就是一大挑战；加之其字数，阅读起来是需要时日的。因此，我们的阅读不像平时一样直接将书呈现于学生，而是经历了"听书"这一预热的阶段。

1. 听书

所谓"听书"，就是在学生正式接触书本之前，我每天利用午休前10分钟左右的时间为学生朗读一部分《射雕英雄传》里的内容。节选内容我都会重新起个标题，如"郭靖出世""勇救哲别""黄蓉初现""杨家招亲"等，以使情节更加完整和清晰。节选的内容既保留了《射雕英雄传》原作的特点和故事情节，又不似原文那般冗长复杂，让学生听起来既觉得节奏分明、脉络清晰、情节多变，又能跟着我的朗读品味其描写的细腻生动，人物的性格鲜明。我的朗读形式也分为现场拿书阅读和收听手机录音两种，变换的朗读形式也激发着学生的阅读欲望。同时，我将1983版《射雕英雄传》电视剧剧照制作成PPT供学生观看，观看中也少不了我对演员的评价赞赏，以及网络上对1983版《射雕英雄传》的盛赞。

在如此"强攻造势"之下，学生一个个蠢蠢欲动，纷纷买书自行阅读起来，一时间，班里几乎人手一本《射雕英雄传》，看得快的人甚至超过了我的阅读速度。他们还不无兴致地侃侃交流，那眼神、那声音、那肢体语言，都无不印证着我设计的"听书"大获成功。

2. 看书

在看书过程中，特别要预防的就是三分钟热度，热情高的孩子会一直跟着老师往下看，热情低的孩子很可能就不了了之了，所以巩固阅读热情是上好课必不可少的一环。在这一环节，我们除了继续听书，还加入了网上跟帖、完成阅读单以及小报制作等任务，为了不增加学生的课余负担，所有阅读作业均安排在周末，保证学生能静下心来跟读跟做。

第一周网上跟帖，完成初步的内容上传。

第二周绘图辅读，绘制人物关系图，厘清人物关系，标注人物性格。

第三周回归书本，完成专题式阅读勾画及批注，进行班级观摩交流。

第四周交换阅读，同学之间互相换书阅读，看看别人在书中的阅读笔记，取长补短，提升阅读质量。

第五周所思所获，将自己的读书收获和所思所疑记录下来，和同学进行主题式交流，以读促思，提升阅读价值。

有了这五周任务做牵线，学生的阅读始终处于受控状态，课外阅读、课内交流相得益彰，连一开始表现静默的女生后来也能侃侃而谈，阅读成果惊喜不断。如果说网上跟帖还有可能相互借鉴，那么其他几周的阅读"作业"就真的能看出学生个性化阅读的扎实程度了。

3. 议书

（1）确定目标

这一环节就是我的公开课了，我们将在课堂上正式展开对书本的讨论与交流。但厚厚的著作，我们从何入手交流呢？直接读语言文字进行交流，时间明显不够，只能选一个话题进行了。思来想去，也是受网上的启发，我将题目定为"《射雕英雄传》带给我们的成长启示"，毕竟孩子们也处于成长阶段，想必这一话题他们应该感兴趣，而且这个话题涉及面广而深，具有提纲挈领的作用，应该适合本课。

但是光有议题还不够，如果从教学目标上来区分的话，议题属于情感态度与价值观的范畴，那么语言文字的训练从何体现呢？毕竟我们是语文课，即便是整本书阅读，也少不了语文应有的语言训练，于是我细细揣摩文本，又结合我们四年级语文训练的要点，确立了本课的知识、能力、方法的目标——学习用恰当的词语概括人物性格特征；继续练习使用"先概括，再具体"的方式进行表达，阐述自己对人物或问题的见解；学写观后感。

（2）设计环节

目标确立后，接下来就是对本节课教学环节的设计。为了给听课者有一个相对完整的过程，我设计了以下几个环节：说作者—聊背景—谈人物—说启发—写感悟。

（3）环节回顾

现在回头想想当时的课堂表现，我认为整堂课还是比较充分地体现了我校"生本课堂"这一理念，也比较好地完成了我预定的阅读教学目标。

① 说作者

在"说作者"这一环节，学生将自己提前了解到的有关作者金庸的相关资料进行了大概3分钟的交流，生生之间体现了认真倾听、及时补充、涉及面广等特点。通过交流，学生了解了金庸先生的文学地位、突出成就、武侠作品（拆解金庸的武侠作品联）、笔名由来等情况，对金庸本人肃然起敬，从而对其作品也崇敬有加。

② 聊背景

"聊背景"这一环节给我的印象也是比较深刻的。既然是聊，那么主体还是学生。课堂上学生通过对其故事发生时间的小小辩论，既体现了学生的参与性与主体性，也在辩论中让学生们明晰了宋朝是先北后南，北宋京都汴梁，传至钦宗年间，金兵南侵，攻入都城汴梁（今河南开封），掳走钦徽二帝，史称"靖康之耻"，作品的两位主人公的名字便由此而来。同时借此机会，我介绍了苏轼是北宋时期的著名词人，《水浒传》的历史背景也是北宋，等等。而南宋，定都杭州，受到金国的不断进攻，主战将领虽辈出，但朝廷却摇摆不定，支持不力，以致国土渐失，《射雕英雄传》就发生在这一时期。讲到南宋，我们又背诵了陆游、辛弃疾、岳飞的词，以作用于明晓背景。

③ 谈人物

围绕着郭靖和杨康的成长之路，不同性格的人物渐次出场，为了能相对紧凑而有效地组织学生讨论，我首先抛出了议题"众里寻他"——有哪些人物会影响一个人的成长？一石激起千层浪，学生发言积极，我们将学生所提到的人物进行了归类，即父母、师长和朋友，然后由学生自选一个方面进行交流讨论，说说这些人物具有怎样的性格，他们分别又对郭靖和杨康的成长造成了怎样的影响？紧接着，学生按照PPT上呈现的要求开始讨论。

小组交流结束后，我们进行了全班交流。这一部分给人最深的印象，用我校部主任的话来说就是："学生的发言侃侃而谈、游刃有余，既有概括，又有阐述，而且相互倾听，相互补充。在相互的补充与争辩中，我们看到了学生对作品的熟悉程度，看到了学生的自信大方，也看到了学生在这个过程中的成长提高。因为在交流中，我们能听出来，有些孩子最初的观点并不一定全面而准确，甚至比较偏激，但是在同学与老师的共同参与下，渐渐明朗、渐渐清楚，这也是课堂生成的最好体现，非常可贵。"我非常感谢校领导给予本节课这么高的评价，以至于在评完课的第二天刘校长见到我时，还意犹未尽地和我谈起整本书阅读的情况。我深知，这是校领导对我的鼓励、信任与鞭策，我唯有不断尝试探索，才能更进一步。在欣慰之余，我也再次反观这一环节，其实学生的交流还是比较散的，由于作品人物众多，讨论的点多，上台汇报的同学多，上台板书的同学多，板书内容就显得有些纷杂，缺乏一定的提炼与概括，这是我在思维培养上还要努力的地方。

④ 说启发

说启发时，我首先让学生说说还有哪些因素影响着一个人的成长。学生依然表现积极，说出了环境、个性、习惯等因素。之后，我们再说启发时，学生就能够由表及里地思考问题了。比如，有学生从朋友方面得到的启发是"近朱者赤，近墨者黑"，交友要慎重，要取长补短，要有包容之心；从父母这方面，有学生谈到做父母的要严格要求自己的孩子，不能包庇溺爱，要以身作则，当一个有责任感、爱国的家长；从环境这方面，有学生谈到，不要怕吃苦，太优越的条件反而降低了人的斗志，有一个学生还引用了孟子的"故天将降大任于斯人也，必先苦其心志，劳其筋骨，饿其体肤，空乏其身，行拂乱其所为"来阐述自己的观点；等等。

⑤ 写感悟

课后一位老师和我评课时说，他个人特别喜欢《射雕英雄传》这部作品，来来回回看原著不下十回，所以这次他是专门来听我讲课的。他特别感慨，也颇有获益，尤其是结课的设计，他认为别具匠心，画龙点睛。结课时，我引导学生继续"众里寻它"，这个"它"就是学生在阅读中产生的自我发现或研究内容。

有学生谈道："我想研究《射雕英雄传》里精彩的武打场面，因为它不仅有一招一式的来来往往，更穿插了人物心理、出手背景等内容的描写，所以我想通过我的研究让同学们领略金庸武侠小说的魅力。"

还有学生谈道："我还想知道为什么感情这么深厚的两家人，他们的孩子后来却不能和睦相处呢？"

"同样是教学生，江南七怪、丘处机、洪七公、老顽童他们的方法却大不相同，我想研究什么是最好的教育方法。"

……

学生谈完后，我通过PPT展现了我对这部著作的进一步思考和后续研究题目，如究竟谁是真正的英雄，古典诗词在金庸作品中的应用，如何通过人物对话推动情节发展，《射雕英雄传》三部曲彼此的关联，等等。由此，学生如拨云见日般发现，今天的这节课只是探寻《射雕英雄传》文学价值的冰山一角（这是学生的原话），他们恍然明白，一部著作带给人的启发和思考原来这么多，过去的他们更多的只是关注了情节和几个人物，现在才知道真是好书不厌百回读，每读都有新收获。

一次公开课就这样结束了，如今全班对于这本书的共读虽已结束，可很多学生却依然孜孜于《射雕英雄传》精彩的情境中，课余饭后手不释卷，更有好几个小"金迷"连《神雕侠侣》都快看完了。我们这列读书的快车正以它勃勃的英姿行驶在向前再向前的道路上。最后借用一位评课老师的话："做你们班的学生真幸福！"其实，让他们幸福的是书籍，我只是乐于花时间给书籍多打开一扇窗迎朝阳，如此而已。幸福他们的同时，我也是幸福的！

"小作家"课

——扎根拔穗，让习作成为一种习惯

阅读，是培土；生活，是源泉；写作，需等待。植一粒写作的种子至土壤，将生活的源泉灌注心田，静待写作花开！

当"动笔写"成为一种习惯

《义务教育语文课程标准（2011年版）》指出，"语文课程是学习语言文字运用的综合性、实践性课程"。作文称得上是语文的半壁江山。由读到写、由思到写、由闻到写、由感到写……当"动笔写"成为一种习惯，它将逆推我们的阅读，让读更深入，让思更深刻，让成长有了痕迹，让岁月多了沉淀。

一、教师应成为学生"动笔写"的引路人

大量事实证明，许多优秀的语文教师都有一个共性——经常动笔写。"动笔写"会让你的思维日趋缜密，理解更加深刻。放在作品解读的能力上看，表面是"眼力"的高下之分，实际上是"笔力"强弱的不同所致，眼高未必手高，但手高往往带来眼高。

而放在作文上看，经常"动笔写"的老师一定更善于观察、善于思考、善于提炼、善于学习。当春回大地时，他会和孩子们一起徜徉在文字的花海

间；当醉心阅读时，他会用文字镂刻下与书的美好谋面。李振村先生说："若没有历史，北京故宫就是一群老房子；没有故事，长城只是城墙和一堆烂砖。""动笔写"，能照亮教师的职业道路；"动笔写"，能焕发教师的职业生机；"动笔写"，能沉淀教师的职业探索；"动笔写"，能在写作上与学生达到共情。

为此，在实际教学中，我会和学生一起进行"同题同创"。面对同一个作文题目，我们一起习作，互相点评，谈自己的写作构想，说各自最得意的文中语句，送最真诚的评价给对方，"以文会友"是习作课最美的收获。

我还喜欢给学生读自己的日常随笔。读完《大秦帝国》，我与学生分享我写的读后感《东风起，云飞扬》；学校成立了教师诗社，我将自己写的祝贺诗社成立的小诗拿去与他们分享；童年是最美的记忆，我将自己的系列童年回忆录读与他们听……在一篇篇分享中，学生渐渐领悟了"习作与生活的关联，它是生活的一面镜子""习作与思维的关联，语言是思维的载体""习作与思想的关联，言为心声，'人生三不朽，立德、立功、立言'"。

学生通过教师"动笔写"渐渐懂得，习作构成我们的言语生命，也构成我们的精神成长体系。有一个爱"动笔写"的老师，学生自然不致过于疏懒，这也不失为学生成长路上的一件幸事。

二、持续激发兴趣，方能渐入佳境

"兴趣是最好的老师"，在写作文中更是如此，没有兴趣，学生哪有"动笔写"的欲望与意志，毕竟"动笔写"需要学生付出大量的脑力和时间。激发学生写作文，就要尊重学生的"儿童生活"，即了解儿童心理，把握儿童生活。日常教学中，激发学生"动笔写"的欲望是需要载体的。

"黑板小语"是我送给一年级学生的第一份礼物。一年级学生还不懂得留心周围事物，观察力、表达力以及写字量都有限，我就通过黑板边的"黑板小语"将每天自己观察的、思考的和学习的内容写下来，语句不长、字数不多，学生易读也易记。一个个句子如一扇扇小窗，帮学生畅望窗外风景。一段时间后，在"还有谁想和小粉笔头交朋友？"的问题激励下，一个、两个、三个……乃至更多的孩子接过老师手中的"小粉笔头"，开始了"黑板小语"的接力创写。然而创写不是目的，巩固写作热情才是目的。每天我都要带着学生在不同时段反复朗读孩子们的"黑板小语"，再将大大的称赞送给小作者，成功感是激励孩子不断"动笔写"的巨大内动力。

《班级小报》是我送给孩子们的第二份创写礼物。20多年前，还没有手机、微信等这些数字化传播途径，学生的"优秀作文""精致小语""童言无忌"全都是我一个字一个字从学生的本子上抄到自己设计的《班级小报》上，再请学校文印室帮忙印制出数量不多的几份，一份展示到班级墙上，其余几份分发到各组供学生们传看。珍贵的小报散发着淡淡的油墨香，甚至不小心会将油墨抹到手上，但那又怎样，孩子们开心的阅读是此时最美的画面。

随着年段的提升，"游戏作文""体验作文""实验作文"是我送给三、四年级孩子的礼物。我们一起玩各种游戏、做实验，体验快乐、感受奇妙，然后将其写成作文。有了生活，有了快乐，孩子们"动笔写"的热情一直被鼓舞着，"动笔写"的能力也与日俱增。

"班级故事，你我接力"也是我们"动笔写"中的品牌活动。我们每天安排一个孩子写班级日记，不论长短，只要真实。第二天我们上课的第一件事就是听小作者读他写的班级故事，然后全班进行"3+1"评价，"3"就是提出三个优点，可以是概括性的优点，也可以是对某个句子、某个词的肯定，"1"就是提出一个小小建议。一学期下来，我们形成了厚厚一本《班级故事，你我接力》作品集，翻看着作品集，件件往事历历在目，有笑、有泪、有不安、有自信……但更多的是孩子们对习作的高度热忱。

几轮的一至六年级大循环语文教学，使我深深感受到，激发学生写作文的兴趣，是一项长期的、需要坚持与创新的工作，不可因一时之惰而荒疏散淡。

三、当堂写与回家写

当堂写还是回家写，需要分开来说。

日常作文，我主张当堂写，即写小练笔、小作文和单元大作文。一是教师有充足的时间指导学生；二是便于检验学生现场作文水平；三是受时间所限，学生更能集中精力全心写作，不致出现拖拖拉拉的现象，养成写作文的坏习惯。现实情况是，我们时常发现有老师喜欢在临放学时急急忙忙布置作文作业，习惯性地把作文放回家由学生独立去写。这极易使学生养成一些不良习惯，而且容易使作文困难的学生产生心理障碍。由于不知如何写，学生就抓耳挠腮、怨声载道，如果所写作文又没通过老师批阅，被罚回来重写，那就更糟了，久而久之，这部分学生就会越来越不爱写、不敢写，甚至厌写。即便是当堂指导作文，也要注意两点：一是不可过于粗略，学生啥都没听着；二是过分指导，禁锢学生思维，造成作文千篇一律。作文教学一定要设计教案，把握好作文指导的度，找准每次作文的难点所在，设计巧妙的突破口，让学生在不经意间打开了思路，找到了题材，写出了富有个人特点的作文。

回家写，针对的是不方便在课堂上指导的作文，如持续性的观察日记、项目式研究报告、寒暑假小说创编等。即便如此，教师也不能放手不管，这中间都需要阶段性课时的介入指导。

总之，习作反映着学生多彩的生活经历、丰富的情感世界和奋发向上的精神面貌，是学生运用语言、发展思维、驰骋想象、展现生命的最佳记载，当"动笔写"成为学生生活的一种习惯时，以上种种方能得到最好的阐释。

走向学生自主创作的作文教学

阅读教学助长学生走向自主阅读，将学习变为自己的事，即变"要我学"为"我要学"，那么作文教学是否也应由"要我写"变为"我要写"呢？所谓"我手写我心"，当学生产生强烈的写作内驱力，并掌握一定的写作方法时，"我要写"也不是一件多么难的事。

一、抓拍快写让作文更走心

所有作文的形式都服从和服务于内容，所有语文知识的学习都应服从和服务于儿童的人格发展。学生学写作文为了什么？为了交流，用语言和这个世界对话，和他人、社会交流，更是和自己的内心对话，让自己在不断地倾诉中学会观察、思考，成为一个人格健全的人。

生活是写作的源泉，写作的基本准则就是真实，真事件、真情感、真观点。由于年龄特点，小学生不刻意留心身边发生的事，但是作为教师的我们就应帮学生发现身边事、记录身边事，通过"抓拍快写"让很多转瞬即逝的事留驻笔端，久而久之，养成习作习惯，提升写作能力。

学生写的《校长来到我们班》，记叙了某一天清晨，我还没来班里，但刘校长已经走进我班教室。她看到来得早的孩子们都在有条不紊地学习着，非常高兴，转身在黑板上写下"努力到无能力为力，拼搏到感动自己"，鼓舞了全体学生。这件事是学生即兴写到日记本上，事后我才得知。这件事让我感到了"抓拍快写"的好处。

一次开家长会，有几个热心帮忙的学生没来得及离场，我就安排他们坐在讲台旁边，我们开着家长会，没想到几个孩子随手就记下了我们整场家长会的情况，并在家长会结束前现场朗读了自己的作文。孩子们的作文记叙生动细致，不仅写了自己的所见，还写了自己的所想，赢得了家长们的热烈掌声。正是我们日常经常练习"抓拍快写"，才使孩子们有了这种写作自觉和快速成文的写作能力。

写检查，在很多孩子看来是枯燥又严肃的事，如"我错了""我今后再也不……"的句式屡见不鲜，已成为某些孩子写检查的惯用句式。但在我们班，写检查也成为我了解学生、走进学生世界的一扇窗。同时，学生通过对事情全过程的记叙，表达着自我，在记叙中还原事情，在记叙中走进内心，走进"真"的自我。这才是写检查的真正作用，批评不是目的，认识自我才是最重要的。

二、从"视读"到写作

除了在生活中积累素材，"抓拍快写"，通过视频寻找写作素材，积累语言运用，也是我们常用的方法。经过精选、加工的微视频，是生活的直观记录与高度浓缩，通过反复播放、全班交流，学生在立体、动态的视觉画面刺激下，积累言说经验，优化语言品质。

通过问题引导学生读懂"视频"，走向写作。在学生观看一段视频时，我往往会提出一些问题，概括起来一般有以下几个。

问题一：用一句话概括这段视频讲了什么。此题意在训练学生对视频内容的概括能力。

问题二：你能用一两个词来形容自己看完视频的感受吗？此题培养学生围

绕核心词进行表达的能力。

问题三：视频中哪些地方特别打动你？此题意在培养学生的审美力、鉴赏力和表达力。

问题四：听得见的语言，看不见的提示语，请你根据视频中人物的动作、语言、神态等信息，捕捉并填补上人物对话的提示语。此题意在培养学生的理解力和想象力，使学生的思维走向深入。

问题五：请从视频中的文字解释、人物形象、情节安排、拍摄角度、画面处理及音乐选择等方面任选其一，说说你的理解。此题意在培养学生的理解力、审美力、鉴赏力及表达力，体会用画面讲故事的作者用意。

对以上几个问题的讨论与交流只是习作指导的过程（也不是每一次观看都要同时出现这五个问题），我们最终是要将口头上的表达转化成文字的表达，这样才能培养学生良好的思维习惯，丰富各自的语言体系，提升学生的审美鉴赏水平。

三、从写作文到讲作文

谁说作文创作只有老师才能讲授，学生一样可以，这也是培养他们自觉创作的有效途径，当学生的创作经验得到认可并随之推广时，莫大的成就感和责任感会激励他继续昂首行走在习作之路上。

学生讲作文分为单篇教学与整本教学，每种教学又分为个人独立教学和小组合作教学，教学形式又包括课堂教学和在线教学两种。

负责作文讲解的同学，首先按作文要求写一篇作文。然后几个讲解的同学将写作体验放到一起进行交流，整理出素材启发、难点突破、写法借鉴等内容，完成教案撰写，做好上课分工。到正式上课时，几位"小老师"有负责讲解的，有负责板书的，还有组织交流的。当作文写完，老师批阅完成后，这几个学生坐到一起翻看全班作文，总结出优秀习作、进步习作、佳句共赏以及修改示例。最后还由这几名学生进行作文讲评。一整套程序下来，学生由写到讲，由讲到评，其鉴赏力、创作力在无形中都得到了极大提升。

无论怎样教学作文，我们的目的只有一个，让自觉习作成为学生的生活所需，让阅读与写作、生活与写作、思维与写作共同为提升学生核心素养服务。

再来说说慢写作文

前面的文章里我提到，我们经常利用课堂时间进行作文现场创作的练习，主要通过现场练习，提高学生作文快写的能力。其实，除了作文快写，"慢写"也是我们必须拥有的一种态度，就像酒糟发酵需要时间的孕育，好的写作能力也需要历经岁月磨砺，一部优秀作品的问世，往往浸透着作者几年、十几年，甚至几十年的心血。所以，写作是对人一种最好的磨炼。

作为小学生，除了日常课堂上练习的篇章作文外，是不是也可以尝试着通过连篇的方式记录生活，或者也可以尝试着创作儿童小说，让自己的观察力更深入、学习力更持久、创作力更旺盛呢？答案是，能！

2007年，我所在的西安高新一小就开始了"网络环境下作文早起步"的课题实验。这一课题实验运用"互联网+"模式，让学生从一年级入校起就通过微机课训练打字技能，再通过语文课进微机室进行习作指导，将"教师科学指导、学生自主打写、网络多元评价"的策略和方法运用到日常的作文教学中，实现了作文训练的突破性变革，被业内专家称为"一场颠覆性的作文革命"。

当然，题目里的"出书"是带引号的，它更多的是孩子们创作的文学作品。按内容分，有基于现实的校园小说，有想象丰富的魔幻小说，有体现科技的科幻小说，有外出游玩的旅行札记，也有取材历史的人物评传，等等；除此之外，我校还鼓励学生坚持写个人日志，在学期末将这些日志编辑成册，就成为记录自己童年生活的珍贵文集；对于低年级学生，我们则引导他们创作儿童诗、自编绘本等，为学生打开一扇扇文学创作之窗，将他们引上一条条五彩的文学创作之路，在落笔成文的同时，感受生活之美好。

一、海量阅读，夯实基础

要创作儿童小说，就要了解并阅读相关的儿童小说，从优秀的儿童小说中汲取营养，借鉴方法，获取思路，直至完成创作。说到创作，就不得不提我们学校语文教学实行的是"一步三化"教学实践。"一步"就是"作文早起步"，"三化"分别是"阅读海量化""课堂生本化"以及"书写规范化"，这当中尤以"阅读海量化"与"作文早起步"关联最为密切。为此，我校成立了专门的"阅读海量化"校本教材编写组，在他们近3年的努力下，我校《阅读海量化教师指导用书》校本教材已正式投入使用。该书年段阅读目标明确，使我校海量阅读得以序列化，同时收纳了我校近几年"课外阅读课内化"的典型课例，为教师们开展绘本阅读、群文阅读、名著阅读、主题阅读等提供了大量可资借鉴的宝贵经验。阅读书目由浅入深，由童话向写实过渡，由单本向合集递升，在阅读中有意进行写作方法的梳理和归纳，落实读写结合。

二、鼓励创作，及时帮扶

从二年级暑假开始，我们鼓励班里写作兴趣浓厚的学生尝试小说创作，此时的创作结合学生年龄特点，以想象类为主。进入三、四年级逐步向以写实为基础的儿童小说过渡。比如读了亚米契斯的《爱的教育》、黄蓓佳的《今天我是升旗手》等，我们从创作方法、语言特色、取材角度等方面对比了它们的异同。同时我们在班里开展了"班级故事，你我接力"的写作活动，学生每天轮流写一件班里当天发生的事，第二天到校利用语文课读给大家听，全班评议，进行修改。"英语选拔赛开始啦""我是小小解放军""今天我去送本子""刘校长变成白雪公主啦"等事件被孩子们一一记录下来。一学期下来，孩子们不仅积累了大量真实的素材，奠定了写校园小说的基础，也在作文评议中提升了习作鉴赏和创作水平。教师帮扶到位，学生假期的小说创作也就水到渠成了。

以我们班的高产小说家权晨睿同学为例，从二年级暑假创作小说开始，到现在两年多的时间里已创作了四部儿童小说，从一年级到现在年年要出一本个人文集，从首届"校园小作家售书会"到现在他已连续参加了三届。他不仅收获了肯定与赞许，更是一点点自信起来，如今习作已成为他随性而发、信手拈来的生活必备。

三、掌握方法，大胆创作

我校的儿童小说创作基本上可分为校园小说和生活小说，其中校园小说有别于目前网络上流行的青春校园小说。第一，受作者年龄小、生活环境简单、思想单纯等特点的影响，我们学校学生的校园小说往往取材于个人现有经验，真实为本，小说中的人物基本上都能在班级中找到原型，所写事件也往往取材于自己的校园。第二，小说大多采用散文结构。这种结构，学生便于驾驭，易于构思，它摒弃了那种由发端、发展而推向高潮，然后下降到解决的情节模式，它没有常见的紧张集中的情节，也不讲悬念、扣人心弦的戏剧效果，看来只是一些零碎的片段，仿佛与日常生活差不多，并不明显地表现"起承转合"。但仔细体会，其舒展自如中又有一种内在的联系，有点像散文的"形散而神不散"。第三，尽管小说采用散文化结构，但也必须有情节。创作之初，我们会让学生先列一个大致的创作提纲，如我班李昊天同学写的《小银杏成长记》，其提纲是：银杏上学了—光荣入队—精选风波—开心农场乐事多—七小鬼暑期体验。为了增加情节的生动性和代入感，在设计情节的过程中小作者把生活中的片段巧妙地添加进去，丰富情节。第四，随着年段的升高，学生会根据人物性格添加社会背景，设计伏笔，增强文章前后的衔接呼应，体现文章的驾驭能力。

以上方法不仅适用于校园小说的创作，也适用于儿童生活小说的创作。

下面我将借助权晨睿同学的这两类小说的选段，和大家进一步分享此类儿童小说的创作。

选文一，选自《嘿，这个臭小子》。

第一章　消失的蚕宝宝

最近几天，班里开始流行养蚕。对这类新鲜玩意，毛蛋蛋永远都是乐于尝试的。

毛蛋蛋也养了很多蚕，但是正如毛蛋蛋一贯独树一帜的风格一样，毛蛋蛋的蚕也格外与众不同。

别人的蚕是清一色的白色，是吃桑叶长大的。而毛蛋蛋的蚕却是彩色的，是吃饲料长大的！什么？吃饲料！是呀！你也许只听过鸡饲料、猪饲料、牛饲料，却没有听说过蚕饲料吧！

这是真的！为了养出不一样的蚕，毛蛋蛋专门在网上买了彩色的蚕饲料。有绿色的、红色的、蓝色的、紫色的、黄色的……如果你用这些饲料来喂蚕，蚕的颜色就会变得和饲料一样，花花绿绿，五彩缤纷……

这个震撼的消息可把毛蛋蛋的小伙伴们惊呆了！他们一致要求毛蛋蛋将自己的蚕带到学校来让他们见识见识。

这天，为了满足小伙伴们的好奇心，毛蛋蛋就将他的五颜六色的蚕带到了学校。大课间，毛蛋蛋把他的宝贝蚕从课桌里拿了出来，让同学们参观。

顿时，几个大脑袋围了过来，把毛蛋蛋和他的蚕团团围住。"哇！绿的、黄的、紫的！"他们一边惊呼，一边瞪大铜铃般的眼睛使劲地看蚕，恨不得把蚕装回自己的口袋里。那些蚕才不管这些人呢，它们依然悠闲地淡定地趴在一坨蚕饲料上专心致志地吃着。

"那坨饲料还是早上放的呢，可能干了！"毛蛋蛋从自己带的保鲜袋里捏出一小团饲料，放进了蚕的盒子里。可是那些蚕却无视这块新饲料，依然顽固地趴在旧饲料上享受着。

看见毛蛋蛋要给蚕换饲料，更多的人围了上来。而他的死党老赵则把他的大脑袋扑到了蚕盒子前，目不转睛地看着毛蛋蛋换饲料。

这个老赵同学啊，不管干什么，只要他往那一站，手里没有活，嘴巴就张得大大的，像一个水管一样。此刻他还是那老样子，瞪大了眼睛，张大了嘴。那神情简直专注极了。

此时，毛蛋蛋正小心翼翼地给蚕换食。不料这些顽固不化的蚕竟趴在旧饲料上，怎么也不肯下来。毛蛋蛋只好拿起小羽毛一个一个地把它们从旧饲料上往下拨拉。有些蚕被拨拉一下，就立刻认识到自己的错误，自己爬下来了。有的蚕弹一弹也就弹下来了。但是毛蛋蛋最不能忍受的就是，有几条绿色的顽固不化的蚕怎么拨也拨不下来，这可把毛蛋蛋气坏了。他一手捏住旧饲料，一手捏住羽毛，不管三七二十一，使劲一拨，这些蚕瞬间就被弹了下来。

选文二，选自《皮皮是条狗》。

第一章　贴心的布兰迪先生

日子就这样如白驹过隙般地过去了。忽然有一天，那个男人又出现了。他和狗场主嘀嘀咕咕地说了几句，然后就抱起我，把一叠红票子给了狗场主。他把我放进他开来的"巨兽"嘴中。这是要带我走了吗？我知道，这一刻终于来了。可是，可怜的我连一件家当，甚至一件随身物品都没有，就要离开娘家了！妈妈呀，兄弟姐妹们，在这分别的时刻，你们都没有什么礼物送给我吗？我越想越伤心。

这个男人似乎看出了我的心思。他又下去帮我置办了一些家当：笼子、饭碗、水槽，还有一包我最喜欢吃的狗粮和零食。这下，我更喜欢这个善解狗意的主人了。

"巨兽"冷不丁地开动了。我被"巨兽"的惯性摔了个大跟头。跟球一样在有限的空间里滚来滚去。忽然，"哗"，一泡热乎乎的尿撒了出来，在晃动的地板上四处流动。我心想："完了，完了！太丢人了！"我紧张得都不敢动了。

主人的背后似乎有眼，他从面前的纸盒里抽出一张纸，扔到地板上，这样才止住了到处流动的尿！

"巨兽"跑了很久，终于停下来了。主人一手将我从座位上抱了出来，另一只手提着我的所有家当，朝我的新家走去。

相信通过以上选文的分享，大家已不难感受出它们各自的特点了。作文慢写，重在持久，练就的是功夫，呈现的是佳酿。这一点，又何尝不是我们每位教师所需要的呢？

教师应成为学生"动笔写"的引路人

东风起，云飞扬

——读《大秦帝国》所感

从《康熙王朝》开始，历史鸿篇便让我情有独钟。《大秦帝国》始终如一捧茗香般深深地唤着我的眼、我的心，使我欲罢不能，尽管已知人物命运，已知事件结局，可还是孜孜以读。

我还特别要向作者孙皓晖致敬，一位作家花了16年心血完成的著作令人内心震撼！通篇让人荡气回肠，读之如驰骋万里江山，任群山起伏，内心跌宕。

每有睡眼惺忪犹自缠绵，每有心烦意乱踟蹰彷徨，一想到此书，如引万里江河于眼前，明主强臣高人义士亦萦于脑际，便遽尔坐起，独捧书卷于廊下。窗外绿荫浓浓，鸟鸣啾啾，和风习习，足声簌簌，与卷内气象相得益彰，时感手不释卷，幸哉乐哉！

为人师者，最爱"传道受业解惑"，概是通病。于是课堂之上，兴之所至，少不得为学生铺陈名典。"红楼"赘讲已是多余，毕竟学生年幼，能懂者几人？然"忽如一夜梨花开"，班内少男少女竟竞相比读。午休前的10分钟亦被学生所钟爱，一个个如蚕蛹般迅速窝于被中，只待我持卷讲读。虽不能睁眼，更不能对答，且只有短短的10分钟，然从那一张张或喜或忧、或颦或蹙的表情，你亦可辨其大体是听懂了！更有趣者，真的将原著拿来与青少版比对，方知确如老师所讲，青少版删改大半，意趣皆无。还有钟爱者，能将其人其诗引入自家作文，班内学生李可心便以读《红楼梦》为人生一享受，现场成文获我校现场作文大赛一等奖。三年级的孩子，语句就有古韵之气，遐思绵绵，生之幸？师之幸？

"红楼"之后，"大秦"随响。若说"红楼"如水，则"大秦"如山，巍巍然立于眼前，令人爱之深切。于是师之"沉疴"便又一次溢于课堂。从千古商君极心无二虑，到战神白起谋战先谋国，到大义吕不韦弃商从政终成相，再到少年蒙恬强于当年纸上谈兵折兵五十万之赵括……历史的大开大合，命运的大起大落，山河的几易其主，人物的深刻教训，都历历在目，萦萦于心。每讲述于学生，望其明眸闪亮，屏息静听，实感"此时无声胜有声"。谁能知那些小脑瓜中又在勾画些什么，遐思些什么呢？及至写作业时，当"身披战甲""剑指长空""纵马飞驰"之类的词句被学生赫然流淌于笔端时，你方知之前所讲又一次流入那小小的心田，幻化成万千气象。生之幸？师之幸？

东风起，云飞扬。借"大秦"之东风，扬学生之云涌。且看且讲且担心，此书之后，更待何书？好书虽多，犹似知音难求！

弦起弦落，高山仰止！

（此文为师生共读《大秦帝国》时所写，与生共分享）

窗外柿友

我的家在三楼，刚刚搬来这里时，就发现窗外伴着一株柿子树。几年过去了，柿子树越发得蓬勃起来，现已长到五层楼那么高，可要说亲近，还是和我们家最近，只需一开窗、一伸手，便可触到它那吐绿的生命。

春，轻轻柔柔地唤醒了柿树。"冒芽""吐叶"，这些字眼从词典里一下蹦到眼前。独坐阳台，静静地看着枝上的新生命，"春回大地"的感觉便油然而生。一帘薄绿润新茗，青柿如葡待秋红。

盼着盼着，迎来夏的繁茂，看柿树与紫藤相映成趣，与银杏比肩而立，一帘薄绿变成眼目尽绿。听着树下人儿的笑语，还真有种"但闻人语响，林深不知处"的山林之感。

秋，是我所喜的季节。如青杏小的柿子，此时热情四溢，枝枝丫丫下、叠叠葱绿中，处处闪现着它们的笑脸，红得通透、红得真诚、红得肆无忌惮、红得惹人馋涎。"啪"一小声脆响，红碎一地。人们常说春季落英缤纷，还有人说"落红本是无情物"，在我这柿树下，也是落红无数，但却无情胜有情。瞧，鸟儿们来了，柿树成了它们欢宴的场所，东啄啄、西叩叩，看着心疼，却也为鸟儿产生另一番儿女情长来。

冬，柿树枯叶飘飞，枝丫横斜，倒生出一番中国写意画的留白之趣。午后斜阳射进阳台，铺展在一方白宣上，执笔蘸墨，静心书艺，看墨色在笔端流淌，在光影下行走出远山近水。柿树与我，隔窗为友，相望相惜，怎不似一幅《冬趣图》？

（此文为听张佑老师执教作文课时，与该班学生同题同时同创之作）

取材真实生活，写好童年往事

我童年的三个"家"

每每回忆起童年，总是甜蜜而温馨的。前天，在与父母的一次聊天中，第一次将我童年的三个"家"放到一起，才发现它们彼此间的关联，于是更加感慨那段时光！

奶奶爷爷家

幼时，每到周末或是节假日我们都会回奶奶家，尤其是寒暑假，几乎整个假期都住在那里。奶奶、爷爷对我们非常疼爱，尤其是奶奶，常买吃做喝不说，还特别由着我们的性子玩耍。

平时贪玩倒也罢了，遇到下雨天，我们也照玩不误。在屋里跳皮筋是我们常有的项目。皮筋的两头分别套在藤椅上，一边坐着我或者姐姐，一边坐着都打起瞌睡的奶奶。我跟姐姐轮流跳，我们欢快的歌声和着踢踢踏踏的跳皮筋声让小小的屋子都跟着欢愉起来。

如果说在屋里跳皮筋还不算什么，那上楼顶玩"捉迷藏""三个字"应该算勇猛了吧！30多年前的五层楼，楼顶就是一个大平层，没任何护栏。儿时的我们玩起来就那么不计后果，还以为找到了一个不被大人打扰的好玩处，平坦、畅快，现在想想都后怕，万一当时跑得快，一时没刹住脚不就从楼顶蹿下来了！

玩儿，是孩子的天性，我感谢那时可以这么无忧无虑地玩儿，可以恣意地大喊大叫，可以让小小心灵来一次勇敢的放飞，可以在无拘的玩耍中交到跨越年龄的朋友，可以让今天的我还回味着暴雨天跳水抬沙袋抢险、骑着三轮车下不来直接撞树摔下来的种种情景，想想，一抹笑意就不自觉地爬上面庞，不知何时泪就迷蒙了双眼。

我的家

奶奶家给了我无拘的童年，然而如果一直这么成长，恐怕我这辈子也就就此了了了，好在在我自己的家——爸爸、妈妈对我们的要求很严。

家里的床单永远要干干净净、平平整整，不睡觉是不许坐床的；女孩子爱美，照镜子必然少不了，可一旦被妈妈发现在镜前照来照去，"啪"一巴掌就落在背上了；女孩子还爱玩儿洋娃娃，可上学后爸爸就把所有的娃娃都没收了，它们去了哪里也无从知道。只记得有一个漏网的橡皮娃娃，应该是我所有娃娃中最丑的一个，也在某天写完作业后，被路过写字桌的爸爸一把抓过去扔到床底下了。

严，也有严的好处。妈妈虽没上过多少学，但懂得预习的重要性。每天我写完作业，妈妈就看我写的字是否好看，不入眼直接撕，检查过关后，就是预习第二天的课。提前读课文，听写生字，提前把数学书上的题做一遍。然后书包归位，上床睡觉鞋要摆正，衣服要叠好放枕边，睡觉前不许看书，直接关灯。爸爸虽然有些文化，中专毕业，在那个年代也算是半个知识分子吧，可爸爸没怎么管过我的学习，几乎很少买课外书，印象中他只买过几本小人书和《儿童智力开发》《小学生应用题大全》。他们没有音乐细胞，却省吃俭用、跑遍半个西安为酷爱音乐的我买了人生第一台电子琴。

我真该感谢他们，正是他们的严格管教才培养了我良好的习惯。

姥姥家

姥姥家，与奶奶家完全不同。姥姥出身商人之家，家境殷实，关键是独女，是太爷爷的掌上明珠，她从小就受到良好的教育，识文断字不说，知书达理、人情练达都是为人称道的。

儿时，妈妈去看姥姥时常会带上我们。但姥姥家的楼临着街，为了安全，我们是不可以独自下楼玩的，而姥姥家面积不大，屋里面对面摆了一大一小两张床，大人们排坐在床边说话，我们小孩儿的活动范围就只有他们身后的床了。这么受限制，姐姐就不大爱去姥姥家了，我在那里却找到了另一个吸引我的小天地。

姥姥周身透着书卷气，平时没儿女去看她时，她就看书。我在她那里发现了《杨门女将》《隋唐演义》《红楼梦》等古典书籍（线装版），其实儿时的我所接受的教育没人跟我们提这些所谓的名著，也没有老师有这方面的指引，很多人都认为学习就是学课本。而在姥姥家，她就会跟我聊这些书，在姥姥娓娓的讲述中，我的小脑瓜里就不断地浮现出我自己所构想的帅气勇武的杨六郎、叠翠流溪的大观园……

最有意思的是姥姥家有一套小酒杯，一共十二只。只要往小酒杯里倒水，杯底就显现出金陵十二钗的肖像来。那小小的酒杯，时常被我倒满了水，透过水面我静静欣赏着水底的人影，淡彩的水墨晕染出黛玉的纤柔、宝玉的灵秀、熙凤的美艳、妙玉的孤傲……

古旧的书，小小的杯，慈和的姥姥，将我带进美好的文学殿堂。我喜欢在大人们的聊天声里一个人趴在铺着白被单的床上沐浴着午后暖阳静静地看书，看累了，抬眼望望窗外摇曳的枝叶，抑或给姥姥或妈妈梳梳头，再抱一抱，然后就又开始看书。那时怎么就不懂借呢，只知道每次去姥姥家看，却从未想着借回家来看，也正因如此，我才有了更多对姥姥家的留恋与期待。

三个"家"，构成了我的童年。玩，让我有自由的空气可以呼吸；管，让我在正确的道路上一路成长；书，让我透过文字走出一方天地。这一切，真好！

唯一的大风筝

清明清明，天明气清，每每此时，学校便会组织我们游玩踏春。

又是一年春来到，这一年我们年级要组织所有同学到山上去放风筝。

说起放风筝，我们儿时可不同现在，到风景区随便一买就行。我们那时根本没有卖的，要放风筝，就得回家自己做。一连几天都沉浸在兴奋状态下的我，就像只跟屁虫一样粘着爸爸，想让爸爸帮我做一只大风筝。

这招果然奏效，爸爸同意帮我做一只大风筝。

爸爸从家里的旧竹帘上拆下了四五根竹篾，我搬个小板凳就坐在爸爸身边，看他专注打磨竹篾的样子。他戴着劳保线手套，左手捏着竹篾，右手握着砂纸在竹篾上来来回回摩擦。我觉着简单又好玩儿，央求爸爸让我也试试。爸取下手套给我戴上，嗨，那手套太大了，我的手伸进去根本到不了手指头头，捏起竹篾来就使不上劲儿。爸爸看了笑笑说："你不行，连手套都戴不起来，这就不是你干的活儿。你看着就行了。"

于是，我又乖乖地坐在他旁边看起来。

然后我记得爸爸开始捯竹篾，左一绕，右一拧的，接头处拿细铁丝拧紧，不知怎么拧的，一只大蝴蝶骨架就扎成了。

印象中糊纸这一关不太容易。妈妈负责烧糨糊，在炉火上熬制了一锅底糨糊，熬好了端给爸爸粘纸用。蝴蝶好大呀，铺在地上，几乎占满了我家外屋，应该有吃饭桌那么大吧。

为了让蝴蝶更生动、更美丽些，爸爸竟找来了几根红粉笔给蝴蝶上色。可惜，粉笔涂的色在大白纸上并不鲜艳，在我心里，反倒觉得没涂色时的白蝴蝶更好看些。可爸爸那么辛苦，而且这红蝴蝶有我的一点点功劳，于是我心里又多了些满足感。

终于到了带蝴蝶去学校的日子了！我的大蝴蝶一路上赚足了回头率，我在认识的、不认识的同学们艳羡的眼神中来到教室。一进教室，同学们就叫嚷着围拢过来。我的课桌简直就容不下我的大蝴蝶，放到哪都不合适，桌兜塞不进去，靠墙上又占了别人的位置，尽管这样，同学们还是很乐意我的大蝴蝶占他们的位子的。

就要上山了。我们排着队，我前前后后的同学都想帮我拿风筝，我既自豪又兴奋，招呼同学拿的时候小心着点儿，别还没放呢，就把蝴蝶碰坏了。

到了山上，随着老师一声"解散"，同学们欢呼着奔向四面八方。各种一张纸做的小风筝拖着轻飘飘的两条小尾巴在同学脑袋顶上左摇右晃地飞舞，我和几个好朋友攒足了劲儿要让我们的大蝴蝶一展身手。

我们几个人踮着脚一起把风筝举得高高的，前面的一个人豁出劲儿地往前跑，另几个同学在旁边看时机可以了就负责下令"放——"。这样的过程反复了好几回，大蝴蝶就是飞不起来，我们沮丧极了！尤其是我，刚开始的骄傲劲儿早没了踪影，心想："我爸也真是的，给我做这么大一个蝴蝶，好看不中用，谁也把它放不起来，这下可是让同学们看笑话了！"

越想越难过，看看远处的同学们，虽然放着一点造型都没有的小风筝，可至少人家那风筝还是飞起来了，我这个大家伙，算是砸在手里了。我的难过被班里几个大个子男生发现了，他们半开玩笑半认真地让我把风筝交给他们，让他们来放，保证能放起来。

我半信半疑地把风筝交给了他们，到底是男孩子，个子高，人又有劲儿，跑出几十米后真的把风筝放起来了。我们几个小娃娃高兴地在地上跟着风筝跑，边跑边喊，边喊边跑，脚下荡起一团团沙土，额上沁出一层细密的汗珠，任风柔柔地抚过脸庞，感觉天好高，好蓝。

我的大蝴蝶，终于飞上了天！它在半空中依然那么醒目，虽然那红并不鲜艳，却别有一种美丽永远印在我的记忆里！

陪爸爸买煤

蜂窝煤，作为我们儿时每个家庭必备的生活和取暖物资，早已随着时代的发展退出了历史舞台，但它们黑黢黢的圆柱状身体、煤面上均匀的十二个小洞洞以及儿时我跟爸爸一起去买煤的情形，却还清晰地印在我的脑海里。

每逢暑假，我和姐姐都会回东郊奶奶家住。又一个周末到了，爸爸妈妈也回来看望爷爷奶奶了，家里一下变得热闹起来。但爸爸回奶奶家，多半是闲不住的，奶奶家的大活儿都等着爸爸回来干呢！

以往，爸爸都是拉着架子车去买煤，可这天，爸爸破天荒借了辆三轮车回来，要去"上面"（我们管堡子村叫上面，因为那里地势高，我们住的地方地势低）给奶奶家买煤。我一看见三轮车就来劲了，我们从到奶奶家，就一直窝在家属院里哪儿都没去过，如果爸爸答应我陪他，那我就能搭爸爸的顺风车，到外面美美地玩儿一圈了。于是，我就自告奋勇地跑到爸爸面前，笑嘻嘻地说："爸，你带我去吧，我可以给你帮忙！"爸爸好像看穿了我的小心思，绊儿都没打就答应了。

我一听能出去，急得赶紧跑回屋里换衣服，拿出了妈妈新给我做的一条雪青色的、顺着裤腿边绣了一溜儿水果的长裤穿在了身上。妈妈看见了说："你陪你爸买煤呢，穿什么新裤子，快换下来，煤场多脏啊！"我就生怕妈妈拦我，趁她说着话，我一溜烟儿窜出了门，跳上爸爸的三轮车便不肯下来了，扭着身子嘟囔着："我会注意的，就让我们赶快走吧，早去早回，每次买煤的人都多得很！"

就这样，我跟爸爸出了门。坐在爸爸的三轮车上，别提有多惬意了！小马扎一放，我往上一坐，三轮车的小车厢就变成了我的"小房子"。

这个会移动的"小房子"充满了乐趣。快下坡了，爸爸一句"抓稳喽——"，我们的小房子就飞一样地冲了下去；遇到路面上的小石子或是坑洼不平的地方，车就上下颠簸，我跟着它也左摇右摆，这时爸爸就提醒我："抓好车栏！"我就紧抓着旁边的车栏，任它怎么颠，我一点事儿也没有，反倒哈哈大笑，还没玩儿够似的追问："爸爸，还有没有小坑了，咱再过一个！"

一路上我跟爸爸说着笑着就来到了卖煤场。煤场大门口早已排起长队，架子车、三轮车一辆接一辆，买煤的人高的高、矮的矮，有年轻力壮的，也有弯腰驼背的，大多是男人来买煤，像爸爸这样带着孩子来买煤的也不在少数，不过像我一样穿着新裤子的倒不多。

终于，排完队、领了票、进了场，爸爸推着三轮车在一排排垒得整整齐齐的黑煤道边走着，然后在一个道口边停下，车头一转，我们就进了堆煤的道了。我这才从车上跳下来，接过爸爸递给我的手套，开始和爸一起往车上搬煤。我们这次要买二百多块煤，一边搬，一边数，爸爸要求我把煤摆整齐了，每排的煤要一样多，这样好数不乱。爸爸力气大，手劲儿稳，一次就能搬起八九块蜂窝煤，它们一个摞一个，紧紧地吸着。爸爸一手在上，一手在下，像一把大钳子一样稳稳地把它们扣在一起，然后轻轻放进车厢。我人小力气小，也没爸爸那般手劲儿，爸爸就让我一次搬两块摆整齐就行。我认真地照着爸爸说的做，两个人影一大一小，一个沉稳一个灵动，堆在煤道上的煤一列列减少、变矮，车厢里的煤一排排增加、拉长。很快，车厢里就铺满了一层，我们就开始摆第二层、第三层……

终于搬完了！我跟爸爸都不由得伸了伸腰，此时的煤堆都超过车栏了，我没法再坐进车厢了，只能面朝外背朝煤地坐在车栏上。可不知是累了，还是怎么了，在回去的路上，我们又路过一个大下坡。我已没了来时的劲头，既不欢呼，也不加油，两眼直盯着脚尖，脚下的路唰唰地往后退。忽然身子失去平衡，感觉人在往外倒，我再怎么双手用力抓栏也晚了，整个人瞬间就从车上栽了下去。

爸爸一路冲到坡下才发现我已没在车上，停下车，跑回坡上来接我，我已哭成小花脸了："爸，我人没事儿，就是擦破点儿皮，可裤子摔烂了，我妈会打我的！我以后再也不穿着新衣服干活儿了！"说着，大滴的眼泪就涌了出来，爸爸爱怜地一边用他的大手给我擦眼泪，一边安慰我："你没事儿就好，你妈不会打你的，你妈手巧，肯定能给你把裤子补好的。"

后来挨没挨打我也忘了，反正不穿新衣服干活儿我是记住了，跟爸爸一起干活儿的乐趣我也一并记住了！

手织的运动毛衣

小时候，一年一度的运动会最是为我所期盼，除了能参加比赛项目，获得奖品，还有就是能入选仪仗队，在同学们羡慕的目光里绕场而过。

那一年运动会在即，我又入选了仪仗队。其实，训练都没什么难的，关键是运动会当天要求所有女仪仗队员穿红色运动服。而这一次准备服装，却让我记忆犹新。

红色运动服，我跟姐姐这次都要穿，而且是在同一天，仅有的一件运动服当时是给姐姐买的，想着她穿小了就能给我了，可这次，周转不开了。周六下发的通知，周一早上就要穿，只有周六下班后和周日一天的准备时间了。妈妈急得骑着自行车跑遍了韩森寨、经二路、万寿路、十一门市部的各家商店，都没有卖的。怎么办，怎么办？没有运动服，怎么参加仪仗队？

情急之下，妈妈想出了一个看似不可能的办法——买红毛线，照着运动服的样子，织一件毛衣款的运动服。

说干就干，妈妈买回六两大红毛线，看着盒子里排列整齐的蓬松的红毛线团，我又欢喜，又心疼妈妈，这么短的时间，妈妈能织出一件毛衣吗？

妈妈也有些担心，跟我商量好，她织毛衣，我负责做饭。

第一道工序——缠线团。因为是给自己赶活儿，我配合妈妈缠毛线别提多带劲了。我负责撑线，妈妈负责缠线。妈妈左手握线团，右手缠线，两只手在身前绕得飞快，线团在妈妈手里一点点变大、变圆，原本只是一个小红心儿，没多久就变成一个又大又圆的"红苹果"。

红色的毛线，一端在妈妈手里，一端在我这边，随着妈妈的缠绕，那红线像长了腿在线绳间欢跃着，蹦跳着；又像奔跑在红色跑道上，一圈又一圈。随着它飞奔的脚步，我似乎看见自己已经穿着"红运动服"迈步在操场上，精神抖擞，笑靥如花。

这才仅仅是开始，后面的重头戏可就落在妈妈一个人身上了——织毛衣。

每天，吃完饭顾不得一刻休息，妈妈就坐在她的毛线筐边干起活来。妈妈左手握签，右手穿针，尖圆的签子头巧妙地穿进一个毛线红环，刚一露头，一根红线就迅速地绕过来，签头又敏捷地一穿，灵巧地滑脱一边，这算完成一针。

就这样，一阵阵连挑带穿，一尺来长的四根木色毛衣签，在妈妈手下渐渐围出一个漂亮的"小红房子"。

周六晚上，妈妈织到凌晨1点；第二天是星期天，妈妈休假在家，整整织了一天；周日晚上，妈妈又是织到凌晨。

而我，每天回家的第一件事就是看毛衣织到哪儿了，临睡前，还总要问问妈妈今晚能织多少。最后一个晚上，我还在不放心地追问。妈妈笑着说："放心，明儿早咋都要让你穿着运动服去学校的！"

终于，妈妈织完了毛衣，跟外面卖的运动衣一个样儿——拉链小翻领、袖上带白道。临睡前，妈妈将织好的毛线运动衣盖在我身上，希望第二天我一觉醒来，第一眼就能看见它。

第二天，我一醒来，看见被子上搭着的崭新的红毛线运动衣，高兴地欢呼起来，穿着新毛衣迫不及待地跑下床，在镜前照了又照，追着妈妈一个劲儿地喊"谢谢"。

至今，同学们和老师看到我的特殊的运动服那惊讶的神情与我自豪的解释还深深地印在脑海里。今天，当我们再谈起这件事时，连妈妈自己都不敢相信她能在不到三天的时间里织出一件毛衣，现在想想也不知当时是怎么做到的。

我想，这就是母爱的力量，是母爱，创造了奇迹，带给我精彩。

我的电子琴

爸爸妈妈时常感到奇怪，他们没有一点儿音乐细胞，为什么我会那么喜欢音乐，爱唱歌、爱跳舞也就罢了，竟然连弹琴也会，这令他们百思不解。我也不知道，只是特别喜欢。

记得儿时我们住在二十街坊，两排平房面对面排着。我们对面一排靠西边的一户人家，有一把叫不上名字的琴。那琴大概50厘米长，20厘米宽，木质的颜色，上面排列着一些小圆键片，一按下去就能发出类似簧片的琴音。好多回路过他们家，如果听见那琴音，我都会不由得停下脚步，隔着竹门帘向里张望，望着望着就忘了时间。

也许是我的这份痴迷打动了人家，一次他们竟招呼我进屋弹琴。兴奋又害羞的我走到琴前，痴痴地带着笑意，盯着眼前的琴矜持得手指发颤，随意按出的毫无关联的琴音一直留在我脑海里，那种美妙的感觉久久挥之不去。

后来，这份痴迷一直伴随着我。吃饭时，手指会不自觉地在餐桌上弹敲；写完作业休息时，手指也会不自觉地弹敲；就连看电视时，手指也会在沙发扶手上弹敲。爸爸妈妈不明就里，斥责我："女孩子家坐到那儿要有坐相，手上不要有那么多动作。"我则纠正说："我在弹琴。"终于有一天，我鼓起勇气跟爸爸妈妈说我想要一台电子琴，并且我一定会好好弹，不会浪费家里的钱的。

在我的一再恳求下，爸爸妈妈最终答应带我去买琴。

为了买到一台物美价廉的电子琴，爸爸妈妈带我跑了好些地方，后来在李家村的一家商店买了我的第一台电子琴。那是一台雪青色的电子琴，由三组八度音程构成，在操作区按下不同的键，就可变换出不同的音色，我对双簧管、单簧管、长笛、手风琴、吉他这些乐器音色的最初了解就是从拥有了这台电子琴开始的。

电子琴买回来，我爱不释手。写完作业就在屋里弹，做饭时就在厨房院子里弹，寒暑假就把它带到奶奶家弹。那时还不流行请家庭教师，爸爸妈妈也不懂得给我报班学习，唯一凭借的就是随电子琴附赠的一本薄薄几页的《电子琴弹奏入门》。书里有对指法的简单指导（因为这台电子琴一次只能发一个音，所以没有和弦指导，全都是单音指导），对照着图示，我慢慢琢磨着手指在琴键上的位置。

那时西安电视台每天晚上6：50会有一个近10分钟的栏目，叫《每周一歌》，那是我最喜欢的一个栏目。只要家长允许，每天我都会很认真地守在电视前，边听边记歌词边学着唱。一首歌连放两遍，一周下来就是十四遍，但我很多情况下都保证不了能收看一周，所以必须抓紧有限的时间尽快学习。那时没有网络，就靠自己学记，坏事变好事，反倒培养了我的自学能力。什么《妈妈的吻》《黄土高坡》《小白杨》《便衣警察》……我都是跟着那个栏目学的。现在想想，也就10岁左右的我还挺厉害的，只要我自己能唱的歌，基本上就能在琴上摸着摸着弹出来。

尽管那时所谓的弹奏，就是右手单手弹奏，但也给我的童年带来无尽的快乐。

上师范后，爸爸妈妈又给我买了3000多元的雅马哈电子琴，琴键有了轻重感应，也可弹奏和旋了，功能也更加多样，我用电子琴给自己和家里带来更多的快乐。

如今，弹琴依然是我最喜欢的事情之一，虽然我不专业，但这份美好的记忆和才能却令我深感父母之恩。

写好"飞""凤""家"，走遍天下都不怕

小时候，每到周末和假期，我和姐姐就被送到奶奶家，在那里我们过得自由自在、无忧无虑。

爷爷在餐厅上班，做得一手好菜。餐厅就在家属院的大门口，每天下午，餐厅客人少的时候，爷爷就会回来睡一觉，然后赶晚上餐厅又要上客人了，爷爷再去上班。每当爷爷回家午睡的时候，我们都不太敢出声，生怕打扰了爷爷。平时都是奶奶跟我们说这说那，爷爷很少跟我们这些儿孙说什么。

又一个暑假来了，我们这些孙辈又都回到奶奶家度假。我们三四个孩子聚在一起，每天说说笑笑，再写写作业，小屋里装满了笑声。一天，我们几个孩子正在写作业，爷爷回来了，看我们那么安静，就在我们身后看起作业来，一边看，一边说："头抬高，好好写，把字写大点儿。"

没过一会儿，爷爷竟拿出我们玩过家家用的小黑板和粉笔，然后招呼我们几个都停下笔，到他跟前去。爷爷坐在藤椅上，我们几个聚在他身边，爷爷缓缓地说："写字不能急，要一笔一画。我给你们写几个字，你们学会写这几个字，汉字的基本笔画就会练了。"

说完，爷爷就写起字来。他先写了第一个字，我们都不认识，爷爷说：

"没见过吧，这个字是'飞'，飞机的飞，这是它的繁体字。"

"啊，'飞'还有繁体字？"我听都没听过，更别说写了。

爷爷看我们几个都不认识这个字，就又示范着写了一遍。爷爷写得很慢，但笔力遒劲，写写顿顿，不像我们写字轻快轻快的，字无根基。写完了，爷爷说："这个字里面，点、横、竖、撇、捺、钩都有，好好练，有讲究的。"

然后，爷爷用同样的方法写了繁体字的"凤"和"家"。我们照着爷爷的字练起来。看着我们一个个认真的样子，爷爷会心地笑了，说："写好'飞''凤''家'，走遍天下都不怕！"

然后，爷爷逐一点评了我们的字，还夸我的字"稳重、方正"，鼓励我好好练字。

多年后想起那时的画面，爷爷的一句"写好'飞''凤''家'，走遍天下都不怕"竟成了对我的书写启蒙，爷爷的笔力运转，让我知道了写字时笔画是有变化的，字是讲究结构的；而爷爷的话语教导以及眼中流露出的欣赏，多年来一直温暖和鼓励着我。每当我有点儿小进步、小喜悦或小成绩时，就特别想跟他老人家分享。

爷爷不苟言笑，话语不多，而那天的心血来潮指导写字，竟被我记了一辈子，也受用一辈子！

一组小诗

望江南　特贺诗社新成

柳梢青，飞絮归无踪。人聚社起佳音处，欢影倚碧笑春风，快意映晴空。

二十载，杏坛多英雄。雾鬓勤耘墨池外，翠羽常翔锦云中，追梦万象荣。

（此词写于西安高新一小教师社团"追梦诗社"成立时）

惊闻陈忠实先生仙逝拙笔致哀

寻迹三里湾，问笔寂乡间。

锐目洞百态，斧纹凿沧桑。

竹修白屋前，儒润瑾瑜塬。

子逝恸灞川，白鹿鸣声残。

（此诗写于惊闻陈忠实先生逝世时）

为拍花者赋

俯身顾花影，千娇百媚生。

举镜只一瞬，却是解语人。

（此诗为日常小作）

庭中所见"那抹红"

竹疏晨影寂无声，跳波流光自相拥。

红椅夕岚聆啼啭，最是仲夏无事增。

（此诗为日常小作）

奏响天籁音

谁言稚嫩是孺生，岁末凤鸣遏云中。

天籁蜚声冲霄汉，丹心育雏化蛟龙。

（此诗为一小音乐会观后有感）

"小金笔"课
—— 一笔一画，习字树人

一个字，矛盾中有统一；一种字，变幻中蓄传承。赏其意，知历史之浩瀚，习其形，得文化之自信。

急不来的写字教学

语文是门实践性很强的学科，在习作和写字上尤其突出。生活天天在继续，时有事情在发生，然而不善观察、不愿动笔、不乐于写的孩子往往就与它们擦肩而过。写字亦是如此。教材中的字美观规范，然而不会看字、不善用笔的孩子一样写不好字，它太需要孩子们日复一日地练习了。因此，写字教学真不是一件着急就能解决的事。

一、先写准，再写美

第一，对于新入学的一年级孩子来说，老师从一开始的教学中就要带领学生树立"提笔即是练字时"的思想，在教师一笔一画的规范书写中，理解起笔、行笔、收笔的气韵所在，为写好中国字打下思想基础。因此，作为一名语文教师，自己首先要能写一手规范美观的粉笔字。

第二，教师要格外注意对学生"读帖"能力的培养。语文书每课后面都配有写在田字格里的字，这些字书写规范美观，然而，如果教师不能带着孩子们仔细观察字形、认准笔画位置，那么孩子们写出来的字就会出现结构不合理、笔画不到位的现象，写错字或写字不好看也会由此而产生。

第三，教师要注意纠正学生的写字姿势。很多学生在入学前就已经开始写字了，但多数孩子的握笔姿势和写字姿势都不够正确，这也是其书写不美观的一个原因。有些孩子握笔过低，手指都遮挡了眼睛看到笔尖的视线，看不见笔尖，又怎能把字写好呢？

二、专时专用，静心习字

写字需要专注，尤其是初学某个字的书写时更是如此。为此，学校专门开设了"小金笔"习字课，每节课20分钟，要求教师有粉笔字的书写示范，有学生安安静静不被打扰的自我练习。在这过程中，教师注意巡视指导，做好一对一、手把手的个别辅导，帮助学生逐步掌握写字规律，慢慢写好汉字，尤其要强调"专时专用"，只有专时专用，养成习惯，学生才能形成条件反射。"小金笔"课时的开设，不仅保证学生有时间练字，更通过规律的、长期的指导与练习，帮学生养成静心习字的习惯。

三、掌握必要的书写规律，能很好地提升书写质量

写字是门艺术，有其自身的书写规律。作为日常语文教学，汉字书写要求学生只要能写准汉字，字形工整，对汉字书写有一定的兴趣即可。但作为一门艺术的存在，书法知识的基本引入还是必要的。

比如，书法原则中的"线条流畅蓄力蕴势""结构斜中取正重心稳固"以及"章法和谐协调贯气"，就好似我们说舞蹈，看到的是动作的变换，实际是气息的贯通，气息贯通方可展现出舞蹈动作的张合之力，书法亦是如此。虽然我们面对的是小学生，不必刻意追求书法的意境，但必要的讲解、练习与揣摩还是要有的，这可帮助孩子们从中感受到祖国书法艺术的博大精深。

写字需要学生将手部运转与字形理解相结合，灵活的小肌肉群发育与扎实的字形分析理解力结合到位，方能写出一笔规范、准确、美观的中国字，这需要教师日复一日地指导，当必要的指导积累到一定程度时，学生一定的写字能力定会得以展现。

"小状元"课
——相信自己，做更好的自己

拥有一种信念，叫相信自己；追求一个目标，叫做更好的自己。学会整理，如竹拔节般向上，再向上！

"小状元"课——学会复习，做最好的自己

提起"小状元"，大家的第一反应一定是"第一名"。但我们这里倡导和实践的"小状元"课，不是鼓励学生去做全班第一、年级第一，甚或是区域第一，而是走向自己，通过学习科学的复习方法，获得良好的心理建设，争做更加优秀的自己，让今天的我成为最优秀的我，让今天的我感谢那个曾经认真的、会学习的我。这是我们的初衷。

"小状元"课的具体内容为知识整理，也就是复习课，但我们没有为其命名为复习课，而是选择"小状元"，其内涵更多了一层人文的追求，即以知识整理为学习载体，以能力培养为成长目标，提升学生的核心素养。

"小状元"课分为阶段性整理课与专向性整理课两种，阶段性整理课又分为学期内阶段整理和学期末阶段整理，其最终指向都是为学生自主学习服务，帮助学生拥有学习力。

为什么这样说呢？

我们可能见惯了每到单元学习结束或是期中、期末临考，教师们都会左

一张试卷、右一张试卷地让孩子们做，阶段性复习完全掌握在教师手里，教师成为复习的发出者，学生完全处于被动完成状态。故而时常会出现教师追着学生要"作业"，大量的试卷压得学生喘不过气，但其还不解其中味，拖欠、懒散、屡做屡错时有发生。为什么？就是因为方向反了。我们口口声声说学生是学习的主人，但该复习了，该怎么复习、怎样才算复习得比较扎实有效，学生们反倒一点儿也不操心，因为这一切都有老师在做。该自己操的心没操，该自己进行的整理没整理，该自我鼓励增强信心的没增强，一切都交给了老师，老师怎能不累？学生怎能不"事不关己，高高挂起"？因此，"小状元"课首要解决的就是这种方向问题，把复习的主动权还给学生，只有先交权，才会有后面的一系列事情发生。"学生是学习的主人，亦是复习的主人"，这一观念，无论是老师，还是学生，抑或学生家长，都要认可和接纳，这是"小状元"课的前提。

解决了方向问题，明确了复习主体，接下来就是学习和掌握知识整理的方法问题了。从一年级开始，我们就通过"周作业整理化"这一作业形式，探索知识整理的方法。每双周学生都将在老师的指导下进行一次知识整理，从基本的字词整理，逐步到诗句、语段、篇章的整理，慢慢地再学习知识间的关联性整理。整理包括自建错题集、自绘知识树、自画思维导图以及自出复习题等方式，加强对学生复习能力的指导，教师通过"复习小老师"课堂教学平台的搭建，引导学生交流复习方法，借鉴更好的、更适合自己的复习方法，从而逐步掌握复习方法。

有正确的理念认识，有良好的方法指导，接下来还要做好学生的心理建设。学生学习出现问题，很多时候原因不在智力水平，而在心理建设。任性造成懒散，苛责带来不自信。变被动为主动，可以提升学生复习的积极性，减少懒散的发生。建立信心，需要成功的累积，当学生获得成功感时，自信才会逐渐建立，这需要我们和家长联起手来，一起为孩子搭起成功的梯子。减少苛责，不再漠视，用语言、眼神给予学生力量，用我们的信任唤醒学生的自信，这是非常重要和可贵的。

同时，"小状元"课要求教师做好备课：首先要有知识整理集，这解决的是复习内容的问题；其次要有每一节课的教案，这是解决怎么指导的问题；最后配合复习，要有紧跟进度的作业批改，包括批阅学生自主整理的复习作业。

"小状元"课的积极探索与实践，让学生的学习过程更加完整，学习能力的获得也更加全面，尤其是学习的热情与自信逐日增长，这正是我们所期待的。

复习课提质的几点思考与实践

复习课在学校教学中司空见惯，每学期末必将进行，但通过对复习课现状的观察及调研，我们发现复习课的上课质量不容忽视。47%的学生认为复习课教学方式单一，教学内容重复，课堂缺乏趣味；42%的学生认为复习课未能带给自己更大的自信；63%的学生认为教师复习教案粗略，只有复习内容，没有教学策略……以上问题直接影响着复习效果，更影响着学生对该门功课的喜与恶，乃至对生活的态度。为提高复习课的复习质量，解决目前复习课存在的突出问题，我们提出了"三化一味"的复习课提质要求，并通过"三化一味"提升复习课教学水平及复习质量，促进学生核心素养的提升。

这里的"三化一味"，即课堂生本化、复习关联化、习惯养成化以及体现语文味，具体阐述如下。

一、课堂生本化

坚持学生立场，是复习课的根本原则。教学的最终目的是使学生拥有学习力，学会学习，获得成长，教师的一切教育行为都是在为学生的学习服务，《义务教育语文课程标准（2022年版）》中明确指出："强化课程综合性和实践性，推动育人方式变革，着力发展学生核心素养。凸显学生主体地位，关注学生个性化、多样化的学习和发展需求。"为此，在复习课中我们必须坚持实践性，坚持学生立场，让学生站在课堂中央，在个性化、多样化的复习体验中提升复习质量。那么，如何做到复习课生本化呢？

首先，学情即生本，这是从知识掌握方面提出的认识。所谓"学情"，指学生对已有知识的把握，会与不会、熟与不熟、清与不清是我们复习课教学设计的出发点，因此教师要随时把握学情。很多教师，尤其是青年教师总是根据书本想当然地认为哪些知识应该组织学生复习，想当然地认为学生肯定会了，不用讲了。正是这些"想当然"，教师一讲到底，让复习课失去了实践性和真实性。在进行"学生自选题目作答"这类复习的过程中，我们从学生的选择中就可看出他们的知识掌握情况。往往学生选择的是自己把握性大的题，相反，没被学生选择的题目就是教师要重点突破的内容，那是多数学生知识掌握的盲区，是需要教师讲解点拨的。

一次学生复习到"输赢"的"赢"字时，教师不是单纯地呈现这一个字，而是将"嬴"和"赢"一并整理到黑板上请学生们来回答，结果很多学生都回答不了，这就是在知识拓展时发现的问题。于是，教师通过字形、字义、字理的讲解对这三个字进行了区分。老师的讲解非常生动，说这几个字跟每个人的成功都有关系。"亡"象征着危亡意识，"口"则是一副好口才，"月"是会规划时间、做事有计划，"凡"是一颗平常心，宠辱不惊。它们的区分则主要在中间的部分。"贝"，学生答出与财富有关，所以"赢"就经常用在"赢利""输赢"当中；"女"，学生讲不了，老师补充上古时期的几大姓氏都是"女"字旁，如"姚"，所以"嬴"就与姓氏有关，最具代表性的就是嬴政；"羊"柔弱易欺，所以"羸"就与弱的意思相同。这样，由文字本身生发出的文化教育，不仅帮学生克服了难点，还在汉字的区分中帮学生再一次感受到祖国汉字文化之灿烂，文化自信自然形成，启智增慧的作用自然发挥。这就是对学情的把握，它可以有的放矢地组织复习，把时间花在该花的地方，尊重学生，保证复习质量。

其次，学法即生本，这是从学习方式方面来说的。坚持学生会的由学生来讲，学生能做的交给学生去做，教师做好学生知识储备、语言表达、思维培育的提升者，不要眉毛胡子一把抓，什么题都要自己讲。为学生搭台子，也是尊重学情、信任学生的一种表现。我们通过"自建错题集""自绘知识树""自出复习题""自画四维图"四自复习方法，指导学生进行自主复习；同时，关注复习课课堂教学策略的优化，教学组织方式是否多样，学生的参与程度是否广泛，复习的真实效果是否良好等对复习课进行评价。学生的课堂发言、专注倾听、及时补充，都是以生为本学习方式的具体体现。

例如，在一次讲评试卷阅读题贾平凹的《落叶》时，有一道题要求学生概括文章主要内容。第一个被叫起来发言的学生没答上来，教师不是忙着给出正确答案，也不是急于批评学生能力不够，而是快速组织同桌小声讨论，一起说说文章的主要内容。学生在相互目的性非常明确的合作中，互相启发，各抒己见，变被动听讲为主动思考。然后教师请了一对同桌来作答，两个孩子一个说了文章的前一半内容，一个说了文章的后一半内容，老师及时肯定了两个学生的思考和发言，表扬他们"能够相互倾听，相互补充，在合作中共同完成了对主要内容的准确陈述"。老师的表扬既肯定了学生的答案和思考，也给予他们了极大的信任和鼓励。相信在这样宽松的交流氛围中、在老师专业的知识指导中，孩子们的综合素养一定会得到很大的提升的。在这个过程中，全体学生参与讨论，同桌互相补充完善，有倾听、有学习、有思考、有对语言的推敲、有对同伴的鼓励。一道题，通过交流共学的学习方式，让学生获得成长，比直接让他们抄答案强太多了。

最后，人格即生本，这是从生命质量方面来说的。复习课，其最长远的目的是在知识的复习中，通过课堂关怀给予学生自信心，使他们热爱学习、热爱生活，成为一个有理想、有追求、乐观向上的人，而不是通过复习让学生难堪，让学生备受煎熬，乃至厌学、厌世，直至走向生命的阴暗面。所以，教师要正确认识复习课的作用，一方面查漏补缺，另一方面提升能力，更重要的是给学生以信心，绝不要因为学生一时的不会就厉声训斥，更不要在全班面前挖苦、讽刺学生，给学生内心造成伤害。相反，教师要通过丰富的点拨方法、最为适切的组织方式、充满真情的鼓励等待，帮助每一个学生慢慢抵达终点。

二、复习关联化

关联理论是一种认知语用学理论，由斯珀波与威尔逊在《关联性：交际与认知》中提出。联想是我们的大脑运作的基本方式，因此，掌握了关联思维的方法之后，我们就可以利用这种大脑的基础运作方式优化我们的思考和学习效率。我们会把某种事物特征化，然后将事物与特征彼此关联。每个事物都关联了很多个特征，每个特征也关联了很多个事物。我们的大脑会通过这种特征与事物的关联来进行检索和思考。其中，事物的特征是可以被编辑的。也就是说，我们对事物的认识越丰富，在事物中甄别出越多的特征，就会越有利于我们的思考与记忆。鉴于此，语文复习就离不开关联，在关联中加强知识间的对比学习，帮助学生融会贯通、举一反三，提升复习实效。

其一是学科知识的关联，包括字的关联、词的关联、文章的关联、文体的关联、写法的关联等。字词关联虽然量比较大，但学生掌握起来相对容易，借助字音、字形、字理及运用等整理支架即可达到复习的效果；但文章关联、文体关联以及写法关联就有一定的难度了，它需要教师对现行语文教材、语文知识及名家名篇都有一定的掌握量，才可通过关联制造思维风暴，引发学生的深度思维，使课堂呈现学习活力。

例如，在进行作文《因为有你》的讲评时，教师通过对学生作文的分析发现，多数学生对作文中的"你"都缺乏正面描写，因而使得文章重点不突出。那么如何进行正面描写呢？这就需要教师帮学生或是组织学生对已学文章进行梳理和整理，让学生从中再次感悟正面描写的方法及其作用。

再如，同样是讲贾平凹的《落叶》，有的老师直奔考试题，就题讲题；有的老师能深入文本，借助对文章的深入品读学习文章托物言志的写法，在对"物"的描写中强化多角度，使学生在朗读中感受到动静结合、有详有略、侧面衬托等手法的运用。为了帮学生形成知识关联，教师还插入了对三年级《荷花》一文的回顾与对比，安排了《天净沙·秋思》以及《天净沙·春》的关联阅读，又通过与郑燮的《竹石》、毛泽东的《沁园春·雪》的关联背诵，帮助学生一点点明晰了托物言志的写法，进而提升了对这一类文章的学习效果。

其二是学科间的关联。比方说语文与绘画的关联，语文与舞蹈的关联等。学科融合不见得只在特设的一些活动中进行，课堂上某一个知识点的点拨中也时常有着学科关联。比如对《天净沙·秋思》和《天净沙·春》的学习，当学生找到诗中景物时，教师不妨引导学生通过美术的手法将这些景物的色彩表述出来，这样变诗为图、化色为言，在诗、图、色、言的交汇中，借助学科间的融合，体会诗境诗情。同样，学生在写文章时，往往也需要借助一些学科间的关联来帮助体会。还以贾平凹的《落叶》为例，在学习对树的描写时，我们通过朗读感受作者语句的变化。这就好像舞蹈，呈现的是肢体动作，其实内在支撑的是人的气息，那所有动作的起承转合，跳的就是人的气息变化，顺应气息，舞蹈看起来就舒服，否则艺术感就会大打折扣。好的文章也是这样，语句长短的变化只是外在的一种呈现，内在的则是文章的气韵，继而由此传达出气象万千。

其三是语文与生活的关联。这在作文方面体现得非常充分。进行作文复习时，同样要遵照来源生活的原则，唯有如此，学生才可写出生动的、富有情感的真作文。为了帮学生在生活中寻找素材、积累素材，我时常会将自己的一些回忆儿时的作文拿出来和孩子们分享，分享不仅让学生体会到童年生活的多姿多彩，更帮助学生通过"最近发展区"触摸到写好生活作文的方法，即通过语言、神态、心理、动作的描写让故事生动起来的方法在文章中的应用，更感受到大语文唯有和广阔生活密切结合，才能焕发出勃勃生机。

三、习惯养成化

笔记习惯。规范不是对人思维的限制，不会扼杀人的创造性。在指导学生记录复习笔记时，我特别强调笔记格式的规范性，并将其列为一张表格供学生和其他教师参考，使之明白其用意。

笔记格式要求	目的意义
日期居中写	1. 连贯的日期，是持之以恒的显著标志 2. 便于日常翻阅复习
题号要对齐	1. 条分缕析，培养做事的条理性 2. 题目类型，一目了然
疏密有讲究	1. 纸面该省则省，该用则用，使学生会用纸张 2. 疏密有致，美观易读，提高审美
难易色区分	1. 红笔标注易错点，以色区分，增加辨识度 2. 各自难点各自定，体现复习的个性化
预留订补栏	对应位置订错，易找易记
本子要用完	1. 持之以恒用本子，保证笔记连贯，减少损失 2. 避免东拉西扯、临时用本的坏习惯的滋生

笔记要求，教师要尽早告诉学生、指导学生，并在学生日常使用中加以检查，使之明理导行，逐渐将笔记变为一种学习自觉，走向自主学习之路，提升学习力。

批注习惯。"不动笔墨不读书"，在练习卷上同样重要。有些孩子将练习卷上的阅读文做完之后，除了在答题处写下必要的答案，文章中白白如也。其实，平时在做练习卷中的阅读文时，我们完全可以让学生将自己的阅读批注写在文章旁边，一方面加强学生对批注法的习惯性应用；另一方面也帮助教师随时把握学情，通过批注即可发现学生的学习力，同时为学生准确答题发挥清晰的辅助作用。

品读习惯。做练习卷、考试卷等，学生最易出现的就是急，急着答完题然后万事大吉，阅读文章也只为回答文后的几道题而已，这就窄化了练习卷的作用。试卷中的文章都是教师精挑细选出来的好文章，我们要指导学生运用日常学到的品读方法，静下心来慢慢阅读。这里的"慢"恰恰是为了答题时的"快"，有些孩子和教师正好来了个本末倒置，粗快地读文，急急忙忙地答题，目的性过强，却抛开了文章的文学价值、社会价值不管，这样的读看似"快"，实则"慢"，而且不够深入准确。因此，品读关键词句同样适合于练习卷。

准确习惯。所谓"落子无悔"，答试卷虽不是下棋，但也要让学生养成想好再写、写后少改的习惯，否则就会出现试卷涂改过多，影响美观，造成扣分等后果。当然，影响美观只是其一，最主要的是不利于学生思维习惯、书写习惯的培养，"想好再写、落笔准确"这几个字要让学生牢牢记在心里，会让学生养成专心专意、做事严谨的习惯，让学生受益终身。

四、体现语文味

阅读讲解是复习课很重要的一个内容，但相当一部分教师受到阅读题目的影响，把阅读讲解变成了单纯的问题解答。究其原因，不外乎是担心课堂时间不够，一篇文章从理解到纠错，时间太紧张了，故此教学环节紧紧围绕阅读题进行，把阅读讲评课上得既干瘪又无趣，窄化课堂。因此在复习课上，我们提出"正确认识和处理好讲题与读文间的关系，复习课依然要有语文味"。

试卷中的阅读题不仅有常见的记叙文，还有诗歌、散文、说明文、寓言、小古文、小说节选等，文体多样、难度各异，可以说答每一篇文章都是一次崭新的学习。语文的学习离不开读，只有读才能读出语文学科的"语文味"的特点。但现实情况是，很多教师为了追求复习课的"快"，将复习课上成了知识堆砌课，一个知识点连着一个知识点，把探究式学习、合作式学习、体验式学习等抛之脑后，"一讲到底、一人独讲"成为复习课最常见到的情形，"乏味"成了语文复习课的味道。这就是很多孩子不爱上复习课的主要原因。为此，要让孩子们喜欢上复习课，还得从"语文味"上下功夫。

课堂重思，学生会学；深入备课，张合有度；课堂高质，课后轻负，这是复习课该有的样子，用以自勉。

作业批改带出的差距

作业批改是教师日常教学中天天发生的教学行为，大家对此熟之又熟。但就是这熟得不能再熟、貌似司空见惯的教学行为却暗含玄机，教学质量的差异有时就潜藏在这里。

一、批阅不能拖

作业批改一定要及时，无论是阅读教学作业还是练笔、习作作业，都要及时批改。有时有的教师因为工作忙，就出现作业只做不批的现象，这样的现象如果一学期发生两三回，就会让学生掌握住规律，认为只要老师一忙，就顾不上作业批改了。于是作业偷懒的、拖欠的、敷衍的现象就会慢慢出现，教师如不能及时发现和制止，那么有这种现象的学生就会慢慢增加，程度也会逐渐加剧，最终拖得整个班作业质量下滑，教师天天忙于追着要作业，学生被动上交。试问，这样的作业环境你喜欢吗？所以，及时批阅是保障班级学风的一个有力措施，也能让学生从中受到缄默性知识的影响，养成快速完成作业的良好习惯，继而养成做事不拖沓、抓紧时间、注重执行的好习惯，并受益终身。

二、批阅不能错

这是教师作业批改最起码的要求，"准确"代表着教师的专业水平。如果教师遇到自己拿不准的地方，一定要查证之后再批阅，切不可敷衍塞责，也不要一味图快。有的老师批阅作业对号打得"哗哗哗"的，欲速则不达，有些小问题就在教师疾速批阅中从笔尖溜过。所以，保证不错批，就要细致、认真。优秀认真的老师，对于作业中有一定难度或开放性较强的题目，自己首先要做一遍；然后结合自己做题的感受，列出题目潜在的难点、可能的障碍，写出如何指导的方法；再加上批阅时的细致认真，保证自己批阅不出错。久而久之，教师对待知识的严谨态度就会被学生所感知，整个班在学习时也因此变得严谨而不失活泼，准确而不呆板。相比有些教师批阅作业的粗快，教学质量的高下之别是不是就立竿见影了呢？

三、批阅不能凉

这里的"凉"指的是教师的批阅态度。我们说要做一个有温度的教师，这种温度在作业批阅上的表现就是批语。有些班的学生很可怜，一学期了，作业本中除了对错号，基本上见不到老师的只言片语。而有些班，学生班风正、学风浓，翻开他们的作业本，工工整整，没有一本窝角的，没有一个糊涂乱画的，为什么？老师的批语起到了很强的激励作用。"你的作业总是这样赏心悦目""很高兴和你在作业中做心的交流""总是期待你的作业""从你的作业中，我看到了好习惯对一个人的影响""堪为范例""值得学习""一次新的突破""战胜昨天，迎接更好的明天"……试想，当学生翻开作业本看到这些来自老师的语句时，该是怎样的心情，该有多么强的内驱力？这样的班级怎能不强？这样的老师怎能不受学生爱戴？在这样的语句激励下的学生又怎能不具有自发的学习力？还需要老师追着要作业，不停地抱怨学生懒、学生烦？我们是不是首先看看自己的教学行为呢？

四、批阅不能大

这句话是指教师在批阅阅读题时，不能一个大对号一批了之，而要根据问题的答案批小对号。这样，学生根据教师给出的小对号，更容易知道自己哪里答对了，哪里还存在问题。大家可不要小看了这小对号，就好似检查一段长长的路轨，如果检查完之后回复一个"有问题"，却不标注出有问题的路段，那么大家还是不清楚到底哪里有问题。小对号就好像把一段比较长的答案化分成了几个小点，每个小点给一个小对号。比方说一道题有四个关键点，那就要得到四个小对号，这样学生在订错时也能有的放矢地进行了。

五、批阅有点面

"点"指个别学生，"面"指全班学生。批阅有点面，就是教师在批阅作业时，不仅要做到全批全改，更要抽时间做好对个别学生作业的面批。教师通过面批拉近与学生的情感距离，减少学生对作业的畏难情绪，指导学生有困难的地方，鼓励学生争取一次比一次好。有老师可能会说，每天时间那么紧，哪找时间给个别学生面批？时间挤挤总是有的。比如，每次收作业，你可以单独收这几个孩子的，批作业先批他们的，这样可以在最短时间内发现他们作业中最需要辅导的地方。如果把他们的作业和大家的作业混在一起，等我们批阅完全班作业再去找他们进行个别辅导时，很可能都接近放学了，辅导也许就此失去时间。一次两次如此，天天都如此，这些孩子的学习困难越积越多，总不能及时得到帮助，试想，他们是不是会成绩掉队？是不是会对学习失去热情？所以教师要先批那些"点"上的作业，让这些学生不再畏惧学习，让他们的进步给整个家庭带去快乐。唤醒一个孩子，让他和他的家庭看到美好的未来，这难道不是我们做教师最大的功德吗？这难道不是对社会最好的贡献吗？

下　篇

教师成长，同研共进

我们生于这个伟大的时代，成长于斯，回馈于斯。一己之力虽微如萤虫之光，但一点光、一点热，汇聚起来，终将灿若星河！

语文课要关注语言与思维的培养

——与一位教师的教学研讨

听一位教师执教《扁鹊治病》，教师态度非常认真，备课也细致入微，但板书设计非常复杂，黑板中间用四行罗列了故事框架，两边是对人物形象的概括，满满一黑板都是字，给我的感觉就是老师一直在忙着写板书；另外，教师一直围绕着文章内容在提问，从第一次去看到了什么？说了什么？做了什么？到第二次、第三次、第四次，而忽略了对文本本身的语文信息、语言能力、思维和语言的训练，缺少了对如何"让语言成为思维的外壳"的关注。

课后我们在交流时，我就提出了这样几个问题：第一，这篇课文的语文要素是什么？教师是如何教学的？第二，思维和语言有着怎样的关系？教师又是如何体现的？第三，怎样在教学中落实本课的教学目标？教师虽都做了一定的回答，但显然她自己也不十分满意，于是我们就这节课展开了更加深入、细致的研讨。

一、巧用题目，学习语文

"题目是文章的眼睛"，这句话老师们都很熟悉，但在具体教学中往往就会忽视它的作用。因此在教研时，我首先和老师一起重新认识了这个题目，告诉老师"善用题目"是很好的教学方法。

《扁鹊治病》，在题目中的"治"字下面加点，联系前一篇课文《西门豹治邺》，两篇课文的题目中都有一个"治"字，但两个字的意思一样吗？引导学生在关联对比中进行学习。通过对比，很显然第一个"治"是治病的意思，第二个"治"是治理的意思，这就是中国字的一字多义，顺着这个意思组织学生再说说"治"的不同意思及应用。这是我们巧用题目的第一步，也是对一字多义的训练。所以说语文学习不能只停留在"意"的层面，基本的知识掌握还是要通过课堂进行训练的，否则都放置课后，作业量怎能不大？

巧用题目的第二步，是围绕"治"这个动词。指导学生借助动词进行提问，学会质疑，这是学生在课堂上必须训练的一项能力，那么怎样训练？不是停留在口头上喊喊就培养了，而是散落在日常的每一堂课的培养中。"借助动词进行提问"，是我们提供给学生对这类题目进行质疑的一个学习小支架。文章题目时常会出现动词，如《搭船的鸟》《曹冲称象》等，顺着题目中的动词，我们自然会提出一串关于事情发展顺序的问题。那么，回到《扁鹊治病》，学生的问题很自然就来了，扁鹊为什么去治病？给谁治？怎么治的？治的结果怎么样？很显然，这几个问题，如果我们把它们罗列到黑板上，请同学们为它们排排序，事情发展顺序就出来了。这节课我们就围绕着同学们提出的这几个问题学习。

至此，对题目的巧用，带出了对整篇文章的学习出发点，学生的自主学习力就来自他们自己提出的问题，这就是我们说的培养学生提出问题、解决问题的能力。在这里，提出问题比解决问题更有价值。

二、识词解词，夯实基础

首先我们来看文章的第1自然段。"有一天，名医扁鹊去拜见蔡桓侯。"这一段很短，就一句话。但是这句话中有一个词非常重要，哪个词呢？这就需要教师引导学生把注意力放进文章，否则，这句话一读就过去了，不会引起学生多大的注意力。很多句子在很多时候就是这样一滑而过了，如果老师能关注到并引导学生去发现，那么暗含在句中的重点词就能发挥它应有的作用了。

这句话中的重点词就是"名医"，教师板书这个词，同时提问什么是名医？这是学习词语的第一步——理解词义。第二步——举例学习，"你都知道哪些名医？"举例学习实际也考查了学生的知识储备。往身边联系，钟南山院士之所以能成为当代名医，不仅是因为他拥有高超的医术、过人的胆识，更是因为他国家、对人民无比的忠诚与热爱。在交流中，教师请学生将提炼出的对"名医"的理解板书到黑板边，如"医术高超""胆识过人""心有大爱"等；可能还会有同学了解屠呦呦，她历经几十年的研究发现了青蒿素，为人类做出了巨大贡献，那么她身上体现出的是什么呢？如"持之以恒""坚韧不拔"等，继续请学生将这些词也板书到黑板上；还有很多古时候的名医，如华佗、孙思邈等，他们都具有什么样的特点呢？"救死扶伤""医德高尚""医术精湛"等。在举例学习中，"名医"的概念被具象化，又通过词语提炼被概括化，仅仅一个词，让学生的学习就经历了从抽象到具体，又从具体到抽象的闭环过程，学习过程饱满，学习富有张力。第三步——回到课文。"扁鹊作为名医，是不是也具有这些品质呢？"三个步骤学习词语，由抽象到具体再到抽象，然后促进课文理解，各个小步骤间彼此衔接，构成一个步步为营的小的教学线路，这就是我们平时备课所倡导的"布局大结构，细织小环节"，这样才可能把课上得扎扎实实，才可能让学生在这个过程中逐渐领悟到自己学习的方法，从而学会自学。

三、核心问题，促读引学

"在你认为能够体现扁鹊是名医的地方，做出简要批注。"这就是学习该文的一个核心问题，借助的方法之一就是批注法。此时的独立阅读非常重要，教师要给予学生自主阅读的时间。我们的课堂教学是指向学生学力培养的课堂，教师对学生学习能力的培养，不是说每一步都必须带着学生学。学生到了四年级，已具有一定的读书能力，所以我们要认识学情、尊重学情，结合学情实事求是地去教学。课堂上必须有学生在你面前独立学习的过程，这样你才能够发现，孩子们在学习过程中，会遇到什么样的问题，他的阅读还存在什么样的障碍。否则，我们一节课总是不停地问问问，学生忙不迭地配合着我们回答各种问题，那么没有发言的学生，他们就游离在了我们这一问一答之外，时间久了，这部分总是游离在学习活动之外的学生就会对学习失去热情，学困生也由此产生，这其实不完全是学生个人的原因。教师对他们的关注指导、激励评价不到位，就会使学生的学习产生差距，这也是某些学生厌学的根源。所以我们特别提倡，课堂上一定要有面对面的、静下来的学习指导过程。对于学习批注有困难的学生，我们可以发挥朋辈作用，建议他下座位，轻轻走到自学能力好的同学的旁边去看一看，看别人是怎么学的，没有任何歧视，没有任何批评，只是告诉他，向他人学习，也是学习的一种方式。轻松地看，看懂了，就回来自己接着学。教师还可以让学得快的、自学能力强一点的孩子，轻轻走到这个同学的跟前，帮他点拨一二，然后轻轻回到自己的座位上。

独立阅读之后组织全班交流，前几次课文写得都比较简单，让学生去读一读即可理解，第四次扁鹊就走了，但是在走之前，他给一个人说了一段很长的话，这一段话是我们教学中的重点和难点。对于这段话的突破，我们打算通过几个层次来进行。

第一个层次，把这段话完整地呈现在PPT上，然后让学生默读，快速地看一看这么长一段话，其实是由几个句子构成的。读下来学生会发现原来这么长一段话只有两句，那么我们先看第一句。第一句为什么这么长？有一个信息可以帮助我们，那就是它中间的标点符号。有一个标点，把这么长的句子分成了几个层次，找一下这个标点，这就是我们的第一步——读句子，找标点。第一个分句，病在腠理，我就可以用热敷的方法；第二个分句，当它深入肌肤，那么我就用针扎；第三个分句，当它到了肠胃里，我就用汤药；第四个分句，当它进入骨髓，我就无能为力了。为什么中间用分号呢？让学生读，读完了之后发现，句子讲的是一个完整的过程，并且是一个由浅入深、由表及里、由轻及重的过程。这个过程没有陈述完的时候，作者一直使用的是分号，最终这个意思完整了，才用句号结尾。标点符号的教学，在此时就要介入了，通过对标点符号的分析，也能帮助学生掌握叙述顺序。

第二个层次，寻找对应关系。教师通过摘词法，把一些词语摘取出来用括号替代，然后让学生填写括号内容，在填写过程中发现病情发展与治疗手段之间的关系，同时关注大环节里的小环节设计，对学生进行语文知识的教学。

比如，在学习"敷"这个字时，教师第一步引导学生通过填括号发现"热敷"这个词，第二步启发学生联系生活实际理解"热敷"的意思，第三步借助形声字造字法学习"敷"的写法。

再如，对"扎针"一词的教学，教师第一步通过与生活实际的关联，让学生知道扎针是中医一种非常常用又有效的治病的方法；第二步借助PPT人体穴位图，让学生初步了解人体穴位之复杂，感受中医之所以被称为国粹的博大精深；第三步让学生实际体验穴位按揉的作用。

这样，从几个小环节的教学中，学生对热敷、扎针、穴位按摩、拔罐、刮痧等中医治疗手段就有了相对直观且深入的了解，不会像之前停留于字音上一读即过，缺乏感受。这就是语文教学的目的之一，把对中国优秀传统文化的学习和传承嵌入了语文教学中，自然而不刻意。

第三个层次，问题提升，形成回环。尽管扁鹊很有名，尽管他精通各种医术，但是当病深入骨髓时，他也无能为力，他为什么无能为力呢？是他医术不够高，是他不够尽心，还是其他什么原因？这个问题把学生又一次地拉回到对前文的学习中，形成了教学的一个回环。此时，学生会情之所至地说因为他遇到了一个不配合他的病人，自以为是的病人，不听劝阻的病人，刚愎自用的病人，学生对语言文字的学习、对课文内容的理解自然而然、水到渠成，最后揭示寓意。

这样的教材解读及教学设计，是不是比之前那样的教学要扎实、丰富、有趣、充满了语文味呢？

和执教一年级的你说说话

——给新入职教师的回信

关于你们对文章的几个问题，现做如下回答。

（1）《我多想去看看》这篇文章的中心是表达作者想去祖国大好河山看看的愿望，那么我为什么会联系到"祖国领土不可分割"这样一层意思呢？

教参中说的文章中心一点儿没错，因为文章题目就是"我多想去看看"。但我为什么会联系到"祖国领土不可分割"这样一层意思呢？这要从文章两段内容的关联上来看了。

文章第一段写的是"沿着弯弯的小路，就会走出天山"。走出大山去了哪里？去了祖国的首都，也就是祖国妈妈的心脏，是祖国所有儿女最最向往的地方。紧承其意的是什么？是文章的第二段，"沿着宽宽的公路，就会走出北京"。走出北京又去了哪里？去了祖国的边疆——天山。

为什么作者会选择这样两个地方来写？仅仅是因为其风光好吗？

我们知道写文章要选择典型事例，这里虽不是事例，但足够典型。到祖国美丽的地方去看看，我认为只是表层的意思，"看"是一种外显的行为，那么为什么要去看，则要探其内在的深意。因为我们是中国人，是祖国的儿女，所以我们要去北京看天安门，看升旗仪式，感受祖国的伟大，感受做中国人的骄傲！但去天山，去边疆，又为了什么？是要从小就告诉孩子们，我们的祖国幅员辽阔，无论身在哪里，无论边疆多远，都是祖国妈妈不可分割的一部分。我们不能只是去看她美丽的风光，更要保护好这美丽的风光，这是每一个中国人责无旁贷的责任！我想这是我们在备课中要解读出的东西吧！

（2）一类字的教学步骤大家都说速度太慢，完整地讲下来要用十几分钟甚至半节课，这样上课会不会太空洞了？第三个问题与第二个问题基本是一个意思，我就一并回答。

首先，一类字必须老老实实、扎扎实实地进行教学，字音、字形、字义、写法指导，要步步到位，一步都不能省，这就像是少林功夫里的踩地坑。没有一年级时下的慢功夫，就没有后面的快起来。有些老师觉得慢，实在是他不理解教学中"快"与"慢"的辩证关系。打地基是一个慢功夫，种子在地下扎根也是一个慢功夫，但是一旦地基打好，高楼大厦即可拔地而起；一旦根系扎牢，植株就不怕风吹雨淋。一年级语文教材文章短，文字少，很多功夫就是下在扎扎实实学识字、本本分分学写字上，这一步持续的时间大概会占到一年级整个上半学期，然后从一年级下半学期开始逐渐提速，逐渐放手，逐渐让学生发挥自主性、能动性来学习。关于基础打得牢不牢的问题，你们也可以通过数据来对比。你们班每天听写全对的孩子平均下来大概是多少？是10个，还是20个、30个、40个？如果接近全班全对，那就说明你把他们的学习习惯、识字本领以及听讲习惯都培养得很好；如果总在一半徘徊，那你就要多问自己几个为什么了。

其次，集中识字与随文识字的关系。这是两种非常典型，而且都很有效的识字方法，但它们也各有所属。集中识字一般适用于归类识字，可以是根据使用范畴进行的归类，也可以是根据构字方法进行的归类，还可以是根据偏旁等进行的归类，因为有规律，便于学生学习和掌握，所以放在一起进行集中教学。

但这并不等于所有字都可以这样进行教学，如散落在课文中的生字就可以采用随文识字的方式进行教学。当然，有些老师还是固执地要把这些字从文章中摘出来，进行一节课的识字教学，因为这是一条捷径，教学的方法步骤基本相似，教师可以驾轻就熟，不必下许多功夫。而随文识字对教师的教学技能、课堂组织、备课智慧都提出了更高的要求，不能靠单纯地开火车、读词语就能解决。随文识字，是让生字有语言环境，学字是为了用字。

随文识字也不是每一个字都要停下来讲，是有轻重选择的，新出现的、不易写的、多义的、多音的、对理解文章有帮助的，这些字我们可以重点学，其他字在我们的教材中前后往往都有复现，学生见得多了，有些也并不陌生，就交给学生去交流学习，也是非常好的。

总之，通过此次听课，我发现作为新入职教师，你们有以下需要提升和改进的地方。

（1）看书。从我们的交流和你们的课堂可以看出，对教育教学专著的阅读目前是你们共有的短板，或是坚持得不好。现在如果我请你们列一些自己看过的教育教学专著，你们立刻反应出来的书名是什么？作者是谁？看过多少教学杂志？有多少字的教学摘记？又有多少字的教学思考？教学摘记本能拿来让我看看吗？如果有迟疑，就说明你们在这方面的确有欠缺，那就要赶快行动起来。多学习，会让你多一些教学辨析力！

（2）备课。除了大家集体备好的教案，你们有没有再自己备备课，是把那些东西拿来用现成的，还是一定凡事都要经一经自己的手，过一过自己的脑？备好的课，自己有没有提前一晚上在家好好练练讲讲。停留于纸面上的教案永远不会是自己的东西，只有自己亲自备出来的，才是自己的，也才可能练出你的教学真本领。青年教师工作，就怕拿来主义，这就又回到了上文中我说的教学中的"快"与"慢"的辩证关系。自己备课是慢，但它能让你走得远，也能让你跑得快，否则，同样是三年成长期，肯下功夫的，三年后就能脱颖而出，甚至用不了三年；下不了功夫的，三年后依然是泯然众人，甚至十年亦如此。你愿做哪一种？

（3）写作。我总喜欢让你们写评后记，你们也可把这视为一种培养方式吧。你们写给我的评后反思，态度是真诚的，思考也是认真的，但作为语文教师，文字练达、表意清晰这是基本的，所以，多思、多写会让你们乘上教师成长的快车。

说得有点儿多，理解万岁吧！愿我们共勉之！

基于学生立场的写作指导

——与一位教师的习作研讨课的交流

非常高兴借评这节习作研讨课"身边那些有特点的人"，和大家一起聊聊三年级作文教学。

这节课正如大家所评价的那样，是对大家共同研讨的一种呈现，教学环节清晰，学生表现活跃，但大家也提出了自己的困惑：如何通过典型事例来写身边人？孩子们的选材相对集中，都是对同学或弟弟妹妹特点的讲述，没太打开思路。根据大家的评课及所思，我也谈谈自己对这节课的所思及感受。

一、习作指导课是语言实践课，要做到讲练结合

习作指导课是特殊的语文课，是学生对语言进行创作和加工的实践课，基于此，"练"应该是习作课的核心体现，"讲"是为了练得得法、练得扎实。但是这节课，40分钟的课堂教学，教师始终没安排学生动笔写，这是最大的遗憾。既然是写作指导课，那么学生一定会产生写作期待，而这种期待往往持续的时间是10~15分钟，就好像上音乐课，学生期待着唱歌；上美术课，学生期待着画画；上篮球课，学生期待着打球。这种实践课，要让学生尽快参与进来、实践起来。

当然，老师这样安排是因为作文课有时是两节连上的，老师备课的出发点是先上一节指导课，再用一节课来写。但如果我们是基于学生立场的作文指导课，就会站在学生角度去备课，去体悟和理解学生的写作期待。

那么，作文课上的"讲"要做到什么呢？直奔要点，快突难点，给足时间，边写边辅，及时交流，当堂反馈。

以本次习作为例，它的要点在"人"，什么是"身边人"？这是我们首先要带着学生弄明白的，天天和我们相处的同学是身边人，回到家里和我们生活

在一起的爸爸、妈妈、爷爷、奶奶、兄弟姐妹是身边人，来到学校每天给我们上课的老师也是身边人。这是正向的梳理，如果再来一组对比，如商店的叔叔阿姨是身边人吗？马路上的交警叔叔是身边人吗？不是，因为大家并没有天天生活在一起，彼此并不是很了解，所以上课时，我们要直奔这个要点，明晰人群，审清题目。

本次习作的难点应该是"特点"二字，什么是特点？就是一个人独特的地方。为了帮助三年级孩子理解，可以解释为一个人经常表现出来的和别人不太一样的地方，如爱看书、会做菜、认字多、知识量大、跑步快、爱给老师帮忙、爱打扫卫生等。理出了这些特点，再结合书上给出的小书虫、智多星、开心果、乐天派等词进行交流，说说咱们班、你们家或老师们当中有这样的人吗？如果有，是谁，通过一个例子说说看；如果没有，你可以给那个人安个合适的别称，也通过一个例子来说说。

二、习作课比阅读课更难上，老师要做学生生活的观察者

习作课与阅读课比起来，我认为其上课难度是更大的。阅读课，至少还有教材做载体，教师的备课、教学和学生的思考、发言都围绕着手中现成的文本进行，可作文课不是，虽然教材中现在有专门的习作单元的安排，有例文引路，但它最终是要落在学生的作文创作上来的，不是对知识的识记和迁移，而是对生活的文字性呈现，是需要学生将生活观察、语言积累与具体写作相融合的创造性实践，它考量的是学生由读到写、由说到思、由输入到输出全方位的真正能力。这就要求教师在指导学生习作时，要站在学生立场，想想学生的生活实际与该次习作之间的关联，在习作指导前有哪些选材储备，又有哪些写法可做提示。

例如，本节课的"身边那些有特点的人"，当我们帮学生厘清了"人"和"特点"的问题后，关于写好的最大问题就来了，那就是学生如何能将那个人的某个特点写具体。这就尤其需要教师对学生日常生活的了解，教师本身也应该是一个具有生活观察力、思考力的人，也应该是一个有写作习惯的人。这样你在指导学生进行写作时才可能有的放矢，才可能在学生说出自己选材和想法后，你能及时地予以更具体、更生动、更高水平的指点，因此习作指导课的课堂生成性更强。从这点来说，上好习作指导课比上好阅读课对教

师的要求就更高了。

比如，学生今天在课堂上讲到的某某是我们班行走的百科全书，这个点非常好，如果老师此时能借助学生的讲解继续为他补充或是提问，"既然是行走的百科全书，他都在什么时候什么地方为你解决了什么问题""他为你讲解问题时是眉飞色舞，还是滔滔不绝，抑或气定神闲""你听着他的讲解佩服他吗，想了什么"等，看似是对一个人的发问，其实就是在无形中为所有学生进行了如何写具体的指导，这比直接给学生说"你要注意写清楚人物的语言、动作、神态、心理"具体得多，也形象得多。

再如，在老师启发学生讲《我的故事妈妈》时，老师依然可以采用提问的方式进行启发，还可以让学生就这个选材进行现场的同学互问，问着问着，这篇文章就慢慢具体起来。在这个过程中，无论是发问者还是答问者，都是对生活的再回忆、再加工、再思考，也是对作文创作方法的再学习、再巩固，更是让众多孩子参与到习作的思考与创作中来，增加课堂参与的受众面，比仅仅是一对一师生的单向交流效果要好很多，这不也是我们生本课堂所倡导的吗？

三、对学生习作心理的呵护，远远大于对习作本身的指导意义

为什么这样说呢？因为写作文对学生而言是具有挑战性的，学生语言体系的发育程度不同、生活经历不同、家庭背景不同等原因都会造成学生作文水平的差异。我们承认每个班都有几个能说又会写的"油花花"，但这不等于所有孩子或是大多数孩子都具有这样的水平，我们的教学是面向全体学生的，是要让全体学生均能在课堂学习中找到生存的意义，生命的价值，所以习作课上同样需我们关注学生的课堂状态，通过他们的表达、表情去判断他们的作文成长需求，并予以最大的关怀和指导，让学生从学法习得、兴趣激发、自尊保护等方面获得全面的成长。

还以这节课来说，老师在备课中将"典型事例"作为指导的难点进行突破，对于三年级学生来说，理解什么是"典型事例"这个概念都需要一番功夫，更何况这也不是本节的关键。三年级学生的习作创作还处于语言运用的初期阶段，个人语言体系的发育不成熟，对优秀、规范的语言的积淀还很薄弱，对篇章式作文创作还缺乏整体的架构能力，对具体情节的描述也缺少写作方法的应用，所以这个阶段最重要的是对学生创作兴趣的激发，对习作自信的保

护，而不仅仅是习作方法的指导。习作方法在这堂课上没学会、没掌握都是正常的，但对作文写作心理的保护才是最重要的。

就拿课堂上最后上台分享口头作文的三个孩子来说，第一个孩子说得还是很不错的，是一篇完整的作文，老师对其予以了表扬和点评，可是第二个和第三个孩子的口头作文，老师给予的评价是你的作文还可以再典型一些，我们看到两个孩子是盎盎然走上讲台，又悻悻然回到座位。我当时很想走上讲台去跟孩子们说："你们也很棒，口头作文了不得的，成年人现场口述一篇作文都未必拿得下来，我们班的孩子竟然当堂就能完成，了不起！"保护孩子对作文的自信，鼓励孩子敢说、愿写，真的比一时一刻对写作方法的追求更重要。当一个孩子敢说、愿写，相信他会越写越多，写得多了，写作实践的经验自然就丰盈起来，对写法的领悟与运用自然会得心应手，还有什么好担心的呢？

微课教学，不能因"微"而简

——对一位实习老师的微课评价

《村居》一课的微课已看，教学设计板块较清晰，语速也适中，但依然有些地方需要和你共议，我们先按教学环节逐节来说。

1. 成语导入

用有关于"春"的成语导入，其意何在呢？是想看学生的日常积累，还是想联系此文导入新课？猛一看，似乎是为这两个目的而来的，但若从教学实际来看，但凡老师遇到有关"春"的文章时，就会用上这一方法，所以本课再这样设计就显得肤浅而低效了。如果换成示图说成语，那对学生还是挺有挑战性的，看到草，学生可以说"芳草如茵"等；看到花，学生可以说"争奇斗艳""姹紫嫣红"等；看到河，学生可以说"冰雪消融""河水淙淙"等，这样题目是不是更开放，考查面更广？否则，只单纯地让学生说成语，与用何关？不会用，光会背，有用吗？

2. 解诗题

你用了拆字法来帮助学生理解题意，这里有方法的指引，很好。但是，你的所述与你的PPT相互矛盾，你说"村"是乡村，"居"是居住，可PPT上明明是完整的一句话，那我问你，句子里那么多的字从哪里来的？很多不是出自"村居"二字啊？这就体现了你教学的不严谨性，你应该加一句，把这两字的意思加到一起就是乡村居住，但为了让意思更完整、更明确，使它成为一句话，我们往往会通过意译法让一句话的意思更完整，于是题目就可以理解为在乡村居住时作者所见的情景。

3. 说作者

这部分的教学比较生硬，所教内容学生也不太感兴趣，这样直白的作者介绍对学生来说意义较浅。不如将高鼎创作此诗时的年龄放置此处，一个70多岁的老翁难道没见过春天吗？可他依旧在写，他都写了些什么，又表达了什么呢？应使介绍作者与环节进展相结合。

4. 解诗意

前两句写景，后两句写人，景为人服务，人才是诗歌重点，但这一点，老师对教材的处理前重后轻，还应在理解文本上下功夫。

前两句教学可做如下调整。

（1）这两句写了哪些景物呢？请用笔圈画出来。（草、莺、杨柳、春烟）通过动笔增加学生课堂参与，促进学生自主读书。

（2）这两句中哪些字词让你感受到春的无限活力？请用三角号标注出来，并说说它怎么就让你感受到了春的活力？（长、飞、拂、醉）

这个问题开放性强，是对思维及语言训练非常好的一个设计，同时将拟人的问题涵盖其中，充分体现了景为人服务的特点——二月刚来，一切都欣欣然，草长莺飞、杨柳拂堤、飘絮如烟，此情此景，人们最想去大自然中干什么呢？

（3）联系生活和诗句，让孩子们体会春带给人的欢愉与轻松，然后引出本诗的后两句。

（4）哪个字体现了孩子们放风筝急切的心情？找找看，用红笔标出来。（忙）还有一个字，给这个"忙"字也帮了不少忙，快找找。（早）

放学归来早，还要忙着放纸鸢，足见孩子们是多么地喜欢玩耍、喜欢春天，是多么的自由烂漫，无拘无束，这多么令一个70余岁的老人羡慕啊！他也有过这样的童年！如今春光依旧好，人已古稀年，那烂漫春光，无忧童年，最是令人向往啊！

再来说说由这节微课看到的综合性问题。

1. 对教学的认识不够全面和深入

教学不仅是环节的串接，更是对文章的深刻理解，这理解不能仅靠教参或网上的一些泛泛之论，要有自己的思考和体悟。

这从你设计的问题中就能一览无余，每一个问题的出发点和归结点基本上都是点对点，缺少发散性，缺少让学生跳一跳才能够到的问题，思维价值低，语言提升空间小，这样的问题会让学生觉得语文乏趣、语文好学、语文无用。

2. 微课不是一讲到底的，同样需要互动、质疑

你的教学语言基本上以讲解为主，中间穿插有一些提示语，而对于提问语、评价语很少设计，这样的微课能有多少意趣在其中呢？

3. 教师的教学语言比较苍白，诗歌教学最考量教师的文学功底和文字功底

诗是语言的舞蹈，它的节奏、它的变幻、它的意境无时不在课堂中散发魅力，而如果老师的语言偏于寡淡，又怎会让学生通过你的语言感受到祖国诗词艺术的精妙所在呢？

4. 教学中还要注意以下几个字的发音：春、嫩、莺、神韵、拙、吾

语文教师，字音准确、字正腔圆，这是基本功，有口音，要练习改，通过有针对性的练习读准字音；还要通过读易错字、易混字，熟读成忆，就记住了。

5. 一手漂亮的汉字依然是语文老师的基本功

每课教学，希望你能用生字本书写本课生字并组词，就像小学生那样一笔一画工整书写。

语文教学，驳杂难抓，唯善读者、善思者、善省者方能渐成一格，我们的路还长着呢，需要努力的地方也还很多，我们一起努力！

让我们对话云端，同长共进

—— "停课不停研"在线教研促青年教师专业成长

一、背景分析

庚子新春，冠疫突袭，武汉封城，全国告急！广大师生没有像以往那样如期相约回归校园，而是积极响应教育部发出的"停课不停学"号召，走进"空中课堂"，感受"在线教学"。

根据上级教育主管部门的指示，结合我校校情、师情以及学情，语文学科组初步探索出了"停课不停学""四维共建"体系，即线上六"小"课程全推进、线下"不用陪"板块初探索、周课时3+1+1共执行、四环节上课全落实。

"四维"的核心是教师能力。然而我校刚刚建校两年半，是西安高新一小的第一所分校区。学校共有22个教学班，有20个班集中在一、二、三年级，所以我校教研的主要方向集中在低中学段，尤其是低学段。虽说荣承一小，但我校以青年教师居多，平均年龄30岁。这样一所学校有朝气，有活力，也有学力，所以教师专业培养一直是我校队伍建设的重中之重。说到底，学校的发展，学生的成长，其决定因素全在教师。

"停课不停学"，是挑战，也是机遇。它改变了我们曾经熟悉的坐下来面对面教学的方式，相应地，"云端对话""在线会议""青蓝信札"成了我校语文教学新尝试的形式，近三周我们围绕着"上对学生有用的语文课"展开了研讨与实践。对话云端，互通信札，我们隔着屏幕都能想象出宅家的老师们熟读深思的身影。读着线上亲切的话语，品悟信札中真诚的交流，感受心灵相依、智慧相撞、情感共融、同长共进的线下快乐，是我们这个特殊假期最值得珍藏的美好记忆。

二、案例描述

【案例一】

文本内容：二年级下册《中国美食》。

内容简析：课文主要通过美食图片，引导学生归类学习生字，初步感知中国饮食文化的博大精深，增强民族自豪感，激发学生热爱家乡、热爱祖国的感情。

在线方式：青蓝信札。

教研目的：改进教学设计，上对学生有用的语文课。

片段采撷：识字教学部分。

初始设计：

（1）PPT呈现带拼音的生字，学生认读。

（2）PPT呈现不带拼音的生字，学生认读。

（3）PPT呈现书上菜名，学生认读。

（4）观察菜名中圈出来的字，说说它们代表了什么意思。（烹调方法）

（5）根据找到的烹调方法，归类学习本文"火"字旁的字、"灬"字底的字。

研后设计：

（1）打开课本，借助课文配图及注音，自主认读菜名，交流识字方法。

（2）同桌互测，看谁的测试方法好，看谁能全读对，交流测试妙招。

（3）自学书上竖条幅里的菜名，根据理解简单配画，与同桌交流你是根据什么信息配画的。

（4）为书上的11种美食分类，先独立分，再小组交流分类方法，言之有理即可。

预设1：按主食和菜品来分

预设2：按烹饪方法来分

预设3：按食材荤素来分

……

（5）根据分类情况，归类学习本文"火"字旁、"灬"字底的字。其间，教师讲述"烧、烤、蒸、煮"的相关文化，区分"煎、炸"的不同之处，带领学生初步感知中国美食的历史悠久及博大精深。

（6）教师范写，学生跟写，教师进行写字指导。

（7）课堂游戏——美食万花筒。通过看图连菜名、菜名里的五味飘香、菜名里的人物故事等环节进一步让学生体会中国美食的历史悠久及博大精深，增强民族自豪感，激发学生热爱家乡、热爱祖国的感情。

【案例二】

文本内容：二年级下册《沙滩上的童话》。

内容简析：课文讲述了孩子们在沙滩上垒城堡、编童话，自得其乐、沉浸其中的事，体现了孩童生活的快乐，歌颂了孩子们的善良、勇敢与正义。

在线方式：青蓝信札。

教研目的：改进教学设计，上对学生有用的语文课。

片段采撷：课堂导入及词语教学。

初始设计：

（1）由共读书目《安徒生童话》导入，说说自己认识了哪些人物。

（2）揭示课题，走进文本，自由读文，读准读通。

（3）PPT呈现带拼音的词语，学生认读。

（4）PPT呈现不带拼音的词语，学生认读。

（5）教师强调易错点。

研后设计：

（1）由共读书目《安徒生童话》导入，思考以下几个问题。

a. 童话里时常出现的人物有哪些？（王子、公主、巫婆、坏蛋……）

b. 童话里经常出现的地方有哪些？（城堡、农场、田野、森林……）

c. 童话里最爱出现的情节是什么？（解救、得救）

d. 童话带给你最多的体验是什么？（快乐、善良、勇敢、想象……）

（2）揭示课题，走进文本，自由读文，圈画生词，读准读通。

（3）交流识字法，互提易错点。

（4）检测字词自学成效，准确朗读PPT上的词。

（5）观察思考。老师根据课文内容将这些词进行了分类，你能看出分类标准吗？

第一类：城堡、周围、插树枝。（环境）

第二类：轰炸、驾驶、攻打、轰塌、火药。（情节）

第三类：补充、商议、反驳、赞美、合力。（创编）

（6）根据分类，走进文本学习。

【案例三】

研究内容：校本教材《作文序列化训练》一年级下册第1讲——观察单幅图，写清主要内容，教师下水文一篇。

内容简析：本次习作训练点是观察单幅图，写清主要内容。观察单幅图，要注意选择观察顺序和画面中的主体内容。

在线方式：云端对话。

研究目的：通过修改作文，提升教师语言表达能力，上对学生有用的习作课。

插图内容：一年级下册教材看图写话插图。

初始作文：

春天来了

冬天过去了，春姑娘迈着轻盈的脚步来到我们身边，大自然换上了绿色的新装。（开门见山：春天来了）

远处的山峰清晰可见，山脚下是一片茂密的树林，一排排房屋错落有致。小草偷偷地从土里探出脑袋看着外面的世界，五颜六色的花儿也竞相开放了。河里的冰融化了，小河唱着歌儿欢快地流淌着。（由远及近描写春天的景色）

两个小朋友趁着这明媚的春风和阳光，来到草地上放风筝。小朵托着风筝，小明拉着线在前面使劲奔跑，慢慢地，风筝一点一点飞上了天，小明和小朵开心地跑着，笑着。半空中，小鸟叽叽喳喳地叫着，仿佛也在和他们一起嬉戏玩耍。（描写小朋友放风筝的情景）

啊，春天真美呀！（结尾抒情）

云端对话：

我：我们可以看到，本次习作训练点归纳起来就是两个：一是注意选择观察顺序；二是突出画面中的主体内容。我仔细观察了书上的插图，画面中的两个小朋友并没有放风筝，他们只是远远地看到了一只风筝飞上了天。

青年教师：教材里说的就是"放风筝"，不过您一说，我再仔细一看，两个孩子确实没放风筝。

我：那就是书上弄错了，我们既然发现了这个问题，就得改过来。

青年教师：明白了。

我：接下来咱们说说这篇作文。第1自然段段末说"大自然换上了绿色的新装"，这应该是一个引起下文的句子，但是下面文章的描写跟这个毫无关联。第3自然段的第一句"两个小朋友趁着这明媚的春风和阳光"，是个病句，"明媚的"不能和"春风"搭配在一起。描写两个小朋友的部分全都要改。

青年教师：主任看得真细！我再改改。

我：虽然是下水文，我们也要认真对待，修改下水文，也是对自己专业的一种提升。

改后作文1：

春天来了

冬爷爷送走了大地的严寒，春姑娘踏着轻盈的脚步来到我们身边，给大自然换上了绿色新装。（开门见山：春天来了）

远处的群山连绵起伏，连着山脚的树木郁郁葱葱，近处山坡上的小草偷偷从土里探出脑袋，这一片、那一簇，给大地点缀上新的绿意。（由远及近描写春天的景色）

放学后，小朋友们冲出校园，来到大自然拥抱春天。他们在田野上奔跑，看高飞的风筝；在小河边嬉闹，听潺潺的流水；在花丛中舞蹈，闻醉人的花香。在一片片欢声笑语中，在一串串欢快的脚印下，他们把春天拥抱在怀中。（描写小朋友拥抱春天的情景）

这充满生命力的春天真美呀！（结尾抒情）

云端对话：

我：第2自然段明显语意明朗了，观察顺序体现得更清晰了。第3自然段的语言也更富有节奏感。如果能再加入一点人物的语言就更生动了，主体人物就会更突出。

青年教师：谢谢主任，看来我还是不够细致，想得总是不全面。

我：慢慢来，改作文，对我们也是一次作文的再创作。静下心来。

青年教师：明白了。

改后作文2：

春天来了

冬爷爷带走了大地的严寒，春姑娘踏着轻盈的脚步来到我们身边，给大自然换上了绿色的新装。（开门见山：春天来了）

瞧，远处的群山绿了，山脚下的树木绿了，近处山坡上的小草也绿了，它们偷偷从土里探出脑袋，这一片、那一簇，张着好奇的小眼睛看着这明亮的世界。（由远及近描写春天的景色）

放学了，小小和东东快乐地走在回家的路上。风儿真暖，他们欢笑着拥抱春风。鸟儿飞得真高，他们张开双臂，跟鸟儿问好。

"快看，一只风筝比鸟儿飞得还高呢！"小小顺着东东手指的方向望向天空，"真的，真的，风筝飞得好高啊！"

溪水听见他们的欢呼声，流得更欢了。花儿听到他们的欢呼声，开得更艳了。（描写小朋友拥抱春天的情景）

啊，春天真美！（结尾抒情）

云端对话：

我：文中我又改了一些地方，全用横线标出了，你发现有什么好处了吗？

青年教师：这样一改文章更自然，更充满童趣了。我绞尽脑汁，也没想出这样的句子！

三、案例反思

以上呈现了我在"停课不停学"期间，通过我校"云端对话""在线会议""青蓝信札"的形式，围绕着"上对学生有用的语文课"进行的研讨与实践，不难看出，其对青年教师专业的提升正在发挥着良好的作用，也让更多的教师开始思考"如何上对学生有用的语文课"这一很有价值的问题。

1. 再说文本解读

"文本解读"，我们常提，但在很多初踏教坛的青年教师看来这是件挺容易的事，读文章谁还不会啊？再说，就算自己读不出什么，读不准什么，不还有教参和百度吗？殊不知，任何停留于书本的文字没有经历自我的探索尝试反复磨砺，终究只是些浮于纸端的文字。不依靠自己，却总是借助外力，走捷径，终究是舍本逐末。

一位不独立思考的教师，是不可能培养出能独立思考的学生的。文本解读，在教学设计之先，"工欲善其事，必先利其器"。文本研读能力是语文教师教学能力的根本。

例如，案例一"初始设计"中教师仅仅关注了归类识字，教学设计按部就班，将这些汉字所承载的中国美食文化搁置一旁，忽视了对中国美食文化博大精深的感悟，这些应该都归结于教师文本解读能力的薄弱。

再如，案例二中教师导入课文时对《安徒生童话》的运用，明显低于学情，而"研后设计"则以童话的基本要素引出课文，虽然未出现第二课时的设计，但"以童话基本要素为线索进行《沙滩上的童话》教学"已见端倪，这对学生理解课文、思维训练、发展语言，乃至潜移默化中受到童话创作启蒙都是非常有益的。"研后设计"是在深度文本解读基础上提出的全新思考。

《义务教育语文课程标准（2011年版）》短短几百字的前言13次提到了"语言文字运用"，并且将其作为语文课程性质的核心要素，"语文课程是一门学习语言文字运用的综合性、实践性课程"。如此旗帜鲜明地表述学科性质，突出和强调语用思想，是以往任何一部教学大纲或课程标准所没有的。

因此在备课之前，我们都要多问问自己：我凭什么教我的学生？我上的这节语文课对学生到底有什么用？我教的语文比学生自学能好在什么地方？如果教与不教没有什么差别，我这个语文老师是不是就没用了？

2. 再说教学落实

解读文本，设计教学，只是第一步，能转化落实到生本课堂才是关键。以学论教，这是评价课堂教学效果的一个重要原则。只思考"怎么教"，而不去想"教什么"，这是一种思维的缺席。

学生是课堂的主人，是言语建构的主体，"学"才是语文教学的逻辑前提。"学大于教"，我们要从习惯的以"教"出发转换到以学生的"学"出发，建立以学生的学习需要为前提的生本课堂形态，从而更多地从"学"的角度研究"教什么"和"怎么教"。

案例一中，"初始设计"里教师只关注了教的流程，"教"的出发点依然是教师。而"研后设计"里在尊重学情、了解学情的基础上，教师给予学生当堂自学的时间，交流识字方法的时间；又通过同桌互测进行自学效果评估。其后的"多角度为美食分类别""归类识字说文化"以及课堂游戏"美食万花筒"，都是教师遵循"有趣、有效、有用"原则精心策划的言语活动，让学生在课堂的深入参与中学会思考、掌握知识、获取经验、形成能力。

综合案例一、案例二我们可以看出，语文教师必须具备这样几种基本能力：一是文本阅读能力，二是课程内容开发能力，三是活动策划能力，四是教学反思能力。

3. 再说师生同创

写作是语文教学最终的旨归。"语文教学只有把语言表达的训练和思维训练结合起来，才是正路。"（温儒敏语）一位不会写作的老师，何以能教好学生的写作？所以我们提倡语文教师写下水文，并且推敲修改，在这个过程中"权衡损益，斟酌浓淡"（刘勰《文心雕龙》）。

案例三是老师结合我校校本教材《作文序列化训练丛书》所写的下水文。这套丛书是我校历经12年探索之路，提炼了104个习作训练点，分为12册编纂而成，并于2018年正式出版发行。因此，它成为我校习作教学的必备教材。鉴于此，我们倡导老师们写下水文。

案例三里，通过"云端对话"，我跟写作文的这位青年教师一遍遍沟通、推敲，最终老师的文章灵动了，富有童趣了，为什么呢？因为在反复的比较、推敲、品味中，教师领悟了语言需要规范，语言需要符合逻辑，语言运用要和谐，语言运用要有情味；也逐渐理解了曹雪芹于悼红轩中批阅十载，增删五次，"字字看来皆是血，十年辛苦不寻常"的创作之辛。

"停课不停研"，我们通过"青蓝信札""云端对话""在线会议"，正一点点帮助青年教师对"有用的语文课"的认识清晰起来：在新的起点上再出发的语文教学，正在实现着变知和懂为会和能，变讲课文为学语言，变读课文为学阅读，变悟课文为学表达。

后　记

　　"七八岁孩子出书不是梦"，这是西安高新一小孩子们语文学习的真实成效。我的学生人人有书作（未经发表的），有些孩子在小学毕业时已完成五六部甚至是七八部个人作品。在祝贺孩子们的同时，我时常暗问自己："你有自己的个人专著吗？你鼓励孩子们读书、写作、集结、成书时，身为老师的你却寂然无影。"是啊！我们用满腔的教育热忱为孩子们插上梦的翅膀，鼓励他们自由翱翔在写作的时空，我们，不该缺席！应向孩子们学习，学习他们的勇毅，学习他们的执着，学习他们的不受羁绊，学习他们的爱我所爱！

　　话题不知不觉中回到了"学习"上，正如本书的核心观点——指向学力培养的语文教学。学习力伴随终身，学习力实现教学相长。学习力不会大而化之地教学，把课堂上、师生间的事情想得太简单。学习力让我们化身农夫，应天时、顺学情，在自己的地里躬身劳作，肯流汗、能静心、愿守望，庄稼终成。

　　毕竟所学、所知、所行有限，加之时间紧张，故本书所收篇目还有许多需要完善和改进的地方。比如，本书中关于"课外阅读课内化"的教学实践，是我于2015年发表的一篇文章中提到的，随着时间的延续，我们现在对课外阅读的探索更加深入，为学生推荐的阅读书目不仅包括文学作品类，更是囊括历史类、地理类、科学类、体育类、实验类等书作，通过假期"2+X"阅读方式，引导学生进行全学科阅读。这里的"2"指两部文学类书籍，"X"指其他类别的书根据个人情况进行选择性阅读。全学科阅读加强了对学生学习力的培养，有助于学生核心素养的提升。

　　话题似乎扯远了。如果说向学生学习是我写这本书受到的精神鼓舞，那么向师长学习则是我受到的专业鼓舞。刘英明校长勇立潮头的果敢与睿智、大气与担当，张宁导师的专业进取与深思善问，闫成校长对问题理解的独到与深刻，郜晓莉校长的育人热情与教研执着，自己初入职场时的雷玉叶校长、任忠全书记对工作的全情投入，原陕西省教科所齐文华所长、西安市教科院语文教研员王晓纲老师的无私指导，陕西省著名特级教师王林波、马晓霞老师的高端引领……感谢他们对自己一直以来的关心与支持、培养与锻炼，迷茫时有点拨、困顿时有鼓舞，如智者陪伴左右，如明哲引领成长！同时感谢一直和自己并肩战斗、一同成长的教师们，感谢他们！

如果说了解自己是学习的起点，那么感恩他人则是学习的风帆。

与这样一群对教育充满热情的人在一起，吾之所幸！

吴　蔚
2022年7月